MÉMOIRES

DE LA

VIE GALANTE,

POLITIQUE ET LITTÉRAIRE

DE

L'ABBÉ UNILLON DELAUNAY DU GUÉ.

IMPRIMERIE DE C. F. PATRIS.

MÉMOIRES

DE LA

VIE GALANTE,

POLITIQUE ET LITTÉRAIRE

DE

L'ABBÉ AUNILLON DELAUNAY DU GUÉ,

AMBASSADEUR DE LOUIS XV PRÈS LE PRINCE ÉLECTEUR DE COLOGNE.

TOME PREMIER.

A PARIS,

Chez LÉOPOLD COLLIN, Libraire, rue Gît-le-Cœur, n°. 4.

1808.

MÉMOIRES HISTORIQUES.

LETTRES A M. ***.

PREMIÈRE LETTRE.

Vous craignez, dites-vous, monsieur, d'abuser des droits de l'amitié, en m'engageant à faire pour vous, c'est-à-dire pour un ami, une chose que j'ai voulu plus d'une fois faire pour moi-même. Vous voyez que je cherche à vous soulager d'une partie du poids de la reconnaissance; oui, monsieur, je vous avoue que cette absolue mais douce autorité, qui tire toute sa force de la conformité de nos caractères et de nos sentiments, n'exerce point sur moi un pouvoir tyrannique, et n'a rien à vaincre que mes irrésolutions, puisqu'elle n'exige de moi que l'histoire de ma vie, et que j'ai peut-être une persuasion singulière sur la nécessité de vous obéir. Cette persuasion, cette opinion si vous voulez, il est encore de mon devoir de la soumettre à votre jugement.

Nous ne naissons pas seulement pour nous-mêmes; nous nous devons à la société dans laquelle nous sommes nés; notre postérité fait partie de cette société; l'expérience qu'elle doit acquérir après nous, et comme nous l'avons acquise nous-mêmes, est moins fondée sur les réflexions que sur les exemples. Notre amour propre grossit ou diminue les objets que nous considérons dans nous-mêmes, dans nos amis, dans nos parents et dans nos maîtres. Il n'y a que les vertus et les vices des personnes qui nous sont étrangères, que nous soyions en état de juger sans partialité et sans complaisance. Enfin nos meilleures actions et nos plus grandes fautes ne doivent pas seulement être utiles à ceux qui en ont été les témoins, mais doivent encore tourner au profit de ceux qui doivent nous survivre.

La rigueur des anciens canons, en ordonnant la confession et la pénitence publiques des plus grands crimes, avait-elle plus en vue la mortification du coupable, que la correction des autres membres de la société?

Voilà, monsieur, sur quels principes se fonde cette opinion dont je viens de vous parler, et la voici elle-même.

Je pense donc que chaque membre de la société devrait être astreint, sinon par les lois, du moins par son amour pour l'humanité, à se léguer pour ainsi dire lui-même à ses concitoyens et à la postérité. Si chaque homme remplissait ce devoir avec la plus exacte vérité, j'ose dire qu'il en naîtrait des avantages infinis en faveur du genre humain. Que de disputes, que de contradictions éteintes sur la vraie valeur de certains hommes ! que de bons exemples à suivre, que d'écueils à éviter, que de vertus reconnues, imitées ! que de penchants vicieux réprimés ! avec quelle modération ces sévères critiques de nos faiblesses relèveraient-ils des égarements dans lesquels ils seraient obligés de convenir qu'ils sont si souvent tombés eux-mêmes !

Tout de bon, monsieur, j'ai été toute ma vie frappé, je dirai même persécuté, de cette idée : ainsi, jugez du sentiment avec lequel je vous obéis ; attendez-vous donc à me voir pour ainsi dire tout nu, et tel que la nature m'a fait.

Je suis né gentilhomme, c'est sûrement un avantage ; mais je vous avouerai que c'est un avantage dont j'ai toujours fait assez peu de cas. J'ai pensé d'assez bonne heure que les actions et les vertus qui ont fait les premiers nobles, et qu'ils nous laissent à imiter, étaient plus recommandables que les titres et les priviléges que leur sang nous transmet; titres que plusieurs ne méritent point, et que quelques-uns déshonorent. Quoi qu'il en soit, chacun a ses fables, et celle dont on m'a bercé est que notre origine est écossaise, fort bonne, fort ancienne. Dieu le veuille; mais il est sûr que je n'en suis point ici plus grand seigneur : et tout ce que je connais de ma généalogie, c'est que mon grand-père était attaché à Gaston d'Orléans, frère de Louis XIII; qu'il épousa une mademoiselle Fabrek, dont M. de Voisin, père du chancelier, et M. de Lamoignon, père du président à mortier, épousèrent les deux sœurs; que mon père, fils unique, avait épousé mademoiselle Thomelin, issue d'une maison noble de Bretagne, et que voilà d'où je suis venu pour jouer, comme un autre, mon petit rôle sur le grand théâtre du monde. Je le commençai de fort mauvaise grâce, car j'arrivai sur la terre avec une santé très-délicate, et je fus un enfant très-difficile à élever. Cet état de faiblesse et de langueur fit juger à

Le 30 Avril 1685.

mes chers parents que je n'aurais jamais un tempérament assez fort, ni assez vigoureux pour résister aux grandes fatigues, ni pour assurer leur postérité; ainsi, quoique je fusse l'aîné, on me destina
1691. dès lors à la douce tranquillité de l'état ecclésiastique. Pour cet effet on me fit tonsurer à l'âge de six ans; et comme je montrai dès lors une grande répugnance pour le petit collet, mon père me fit recevoir chevalier de l'ordre du St.-Esprit de Montpellier, qui était encore alors un ordre militaire, au moyen duquel je fus en état de posséder un petit prieuré que M. de Sillery, évêque de Soissons, mon parrain, me donna, sans porter un habit qui me déplaisait dès lors. Ma faible santé ne m'avait pas empêché de profiter des leçons de mes maîtres, et j'étais en état
1696. d'entrer au collége; mais deux ans de fièvre quarte ne me permirent d'y entrer qu'à onze ans en cinquième. J'étais trop avancé pour cette classe, et j'écrivais déjà en latin les thèmes que mon régent dictait

en français, ce qui me rendit moins ap-
pliqué que je ne l'aurais été dans une
classe plus forte. Je me trouvai en seconde
en 1699, et ce fut dans cette année que 1699.
je commençai, pour ainsi dire, à vivre.
On nous donna, à mon frère et à moi, un
gouverneur, homme d'esprit et de savoir;
il me prit en singulière affection; il me
montra en six mois le grec, au point que
l'année suivante je faisais des vers grecs
avec facilité; il avait en même temps, et
m'inspira à moi-même le goût de la poésie
française; j'oubliai dans la suite le grec
avec autant de facilité que je l'avais appris; il ne m'en est resté que fort peu de
chose; mais pour le goût de la poésie française, il ne m'est que trop demeuré; car
en avouant de bonne foi que je ne suis pas
né poete, et que je n'y prétends point, je
n'ai pas laissé d'abuser de la facilité qu'on
m'avait donnée pour faire beaucoup de
vers.

Ce fut dans cette même année que mes parents voulurent enfin m'assujétir à porter l'habit ecclésiastique. Pour m'y engager plus solennellement, on me fit donner au collége ce qu'on appèle les *grandes énigmes*, c'est-à-dire un tableau qu'on doit expliquer sur un théâtre et devant le public assemblé. On me fit donc paraître avec le petit collet et le petit manteau devant une des compagnies des plus nombreuses et des plus choisies de Paris et de la cour. Mais aussitôt que je me présentai, mon père eut la mortification, et moi le secret plaisir, d'entendre crier, *au meurtre!* Il ne se trouva pas là une femme de condition qui n'eût voulu me dépouiller de l'attirail clérical pour m'endosser la cuirasse. J'avoue que je n'avais encore rien éprouvé qui m'eût fait autant de plaisir, et qui eût autant flatté mon goût et mes inclinations : aussi la cérémonie finie, ne fut-il plus question pour moi ni de collet, ni de rien d'approchant.

Les vacances étant arrivées bientôt après, M. l'évêque de Soissons obtint de mes parents que j'irais les passer avec lui à Sillery, et prendre en même temps possession d'un nouveau bénéfice qu'il venait de me donner, afin, au retour de cette campagne, que je fusse initié dans des mystères que j'avais jusqu'alors ignorés. On m'avait fait prendre le carrosse de Reims pour revenir à Paris; il se trouva dans ce carrosse deux officiers de marine, dont l'un etait le marquis de Dampierre, l'autre un vieux marin, un jeune abbé, et moi. A la première couchée, il ne se trouva qu'une chambre à trois lits; et comme j'étais le plus jeune de la bande, un des officiers de marine me proposa de coucher avec lui. J'y consentis; mais je fus à peine couché que je m'apperçus que je n'étais pas en sûreté; je quittai brusquement et fort en colère l'officier de marine, et j'allai me réfugier dans le lit du jeune abbé: vous devinerez aisément que, quoique ses façons fussent à peu près les mêmes, je les souffris sans colère et sans indignation, dès que mon petit abbé m'eut découvert qu'il était une fille, et me l'eut prouvé de façon à m'en bien convaincre. Son histoire est trop singulière pour ne pas vous en faire part. La mère de cette jeune personne était une grosse marchande de la rue des Lombards ; elle était accouchée de cet enfant étant à Reims, dans le temps de la foire ; comme cet enfant parut avoir en naissant tout ce qui désigne le sexe masculin, il fut baptisé, donné à nourrir, élevé, placé ensuite au collége, tonsuré, et mis au séminaire comme tel ; mais il vint un temps où la nature décela cette erreur. Par la familiarité d'un jeune séminariste avec cet étrange camarade, du secret de la confession, ce mystère passa par la bouche du complice aux supérieurs, et enfin à l'archevêque qui s'étant fait convaincre, par des rapports d'experts, du vrai sexe de son séminariste, le fit sortir sans scandale de son séminaire, et le renvoya même à Paris à sa mère, avec ordre à son arrivée de lui faire prendre des habits convenables à son véritable sexe, ce qui fut exécuté aussitôt qu'elle fut rendue à Paris. Quatre jours de voyage avec un petit compagnon de cette espèce, ne m'en apprirent que trop, et développèrent dès lors tout ce qui était encore obscurément enseveli dans le fond de mon cœur, d'un goût trop vif et trop emporté depuis pour le plaisir. Je conçois que cette lettre deviendra un peu longue, mais je me suis mis en tête qu'elle me sortirait tout à fait de l'enfance; il faudra bien que vous preniez un peu de patience à me suivre en réthorique, en philosophie, en droit, et même en théologie.

Dans la première j'avais quinze ans; on 1700.
m'a dit que j'avais une très-jolie figure, les yeux tendres et parlants, cela se peut bien. Quoi qu'il en soit, feu mon père voulut un jour me présenter à madame la maréchale de Noailles. A peine lui avions-nous fait nos premiers compliments, qu'il entra dans sa chambre une demoiselle d'environ 21 ou 22 ans; elle chantait avant d'entrer, et le son de sa voix me pénétra d'une façon singulière; sa figure m'acheva,

et je demeurai pétrifié : vous jugez bien qu'elle devait être ou qu'elle me parut belle comme un ange. Il en était bien quelque chose ; mais ne voilà-t-il pas que la maréchale ordonne à cette belle personne de m'embrasser ; je n'ai jamais rien embrassé si sottement de ma vie ; mais la vivacité de mon sang fut plus éloquente que tout ce que j'aurais pu dire ; en effet, j'eus à peine touché la joue de cette belle personne, qu'il sortit brusquement de mes deux narines deux fontaines de sang ; elle en fut couverte, mais j'eus tout lieu de penser qu'elle me pardonnait d'avoir ensanglanté sa robe et ses coiffures, puisqu'elle n'en marqua que plus d'empressement à me secourir. Cet empressement n'était pas le remède qu'il me fallait ; mon père eut bientôt trouvé le spécifique, il m'éloigna ; mon sang eut peine encore à se calmer, mais le calme ne revint pas dans mon cœur ; je passai la nuit dans une agitation terrible ; je formai mille projets qui tenaient du délire et du transport, et cet orage intérieur se termina enfin par la résolution d'aller, à quelque prix que ce fût, instruire cette aimable personne de tout ce que je sentais d'amour pour elle. Il y avait une petite difficulté ; je ne savais point son nom, j'ignorais si elle demeurait avec la maréchale ; j'allai le surlendemain assez matin interroger son suisse. Il m'apprit tout ce que je voulais savoir ; il me dit que mademoiselle Pansar (c'était son nom) demeurait dans l'hôtel ; il m'enseigna son appartement, et me voilà redevenu plus sot que je n'avais été en sa présence ; je n'osais ni m'en retourner sans la voir, ni me présenter chez elle ; je montai, descendis, remontai sans savoir comment je sortirais de cette aventure. Enfin on m'entendit, une fille vint me demander à qui j'en voulais ; je nommai en tremblant mademoiselle Pansar, et je dis que je venais lui faire mes excuses de ce qui m'était arrivé il y avait deux jours. Lorsqu'on m'annonça à elle, il lui échappa un éclat de rire qui me déconcerta ; j'entrai, je balbutiai ; elle me reçut avec l'air riant, me prit dans ses genoux, m'accabla de baisers et de caresses que j'aurais cru devoir acheter plus chèrement, en un mot je m'apperçus qu'elle me traitait comme un enfant ; j'en fus désespéré, mais je fus guéri.

1701. Ma seconde année de rhétorique ne fut pas même fertile en petits événements, qui puissent intéresser votre curiosité ; ce qu'elle me produisit de mieux, ce fut la connaissance et l'amitié de M. de Morville, qui a été dans la suite ministre et secrétaire d'état des affaires étrangères. Vous verrez qu'il s'en est peu fallu que cette connaissance ne m'eût fait courir les grandes aventures ; j'allai encore cette même année passer les vacances au château de Sillery avec mon frère ; j'eus bien pendant ce voyage quelques petites fortunes à Reims et aux environs, mais trop obscures pour mériter de vous être racontées.

1702 et 1703. L'année suivante, mon père qui doutait toujours de ma vocation à l'état ecclésiastique, voulut à telle fin que de raison que je m'inscrivisse tout à la fois en philosophie et en droit; et mon frère qui, au moyen de ma seconde année de réthorique, m'avait rattrapé dans le cours de mes études, suivit la même route, ce qui commença à nous lier davantage. On nous laissait une assez honnête liberté, nous étions à un an près l'un de l'autre, nous avions tous deux du tempérament, nous aimions le plaisir. J'avais dès lors deux petits bénéfices, dont on m'abandonnait une partie du revenu, et vous jugez l'usage que nous en faisions; je dis nous, parce que je défrayais volontiers mon frère dans nos parties. Il est vrai que son goût et le mien ne s'accordaient pas parfaitement sur les objets de nos passions. Mon frère donna dans les plaisirs faciles, et s'y livra un peu trop. Pour moi, né tendre, je cherchais à m'attacher sérieusement, et je fis pendant ces deux ans successivement deux conquêtes, dont je pus me flater d'avoir obtenu, par sentiment, ce que mon frère allait chercher sans choix et obtenir sans goût aux dépens de notre bourse commune. La première de mes deux conquêtes m'avait à peine fait jouir de ses faveurs pendant quelques mois, qu'elle fut mariée par ses parents, et qu'il me fallut aller chercher fortune ailleurs. Ce fut dans l'interrègne que me trouvant désœuvré, mon frère me proposa de me mener chez une madame Destouches qui logeait près de la Grève, et qui était l'intendante de ses menus plaisirs. J'avais toujours eu une secrète horreur pour ces sortes de lieux, et en même temps une telle peur de tout ce que j'en avais ouï raconter, que je ne consentis à y suivre mon frère que muni de deux pistolets de poche. J'entrai dans cette maison avec une vraie répugnance, mais enfin j'y entrai; mon frère me présenta sa sultane favorite que je trouvai bien faite; un moment après on m'amena compagnie, et je fus introduit dans le bel appartement; la jeune personne avec laquelle je me trouvai, me parut d'un caractère doux, et même modeste; j'en eus pitié, et au lieu de la traiter comme elle devait s'y attendre, je ne pus m'empêcher de la faire rougir du métier qu'elle faisait. Mon exhortation lui fit effet; elle m'accabla de caresses, m'exposa naïvement son histoire, et la façon dont on l'avait séduite; elle me nomma ses parents, indiqua sa demeure, en un mot elle me fit une confidence entière de ses premiers désordres, et de la répugnance naturelle qu'elle avait pour un métier si déshonorant et si hasardeux. Elle était née de parents honnêtes; je ne sais si mes exhortations et mes petits bienfaits auraient réussi, comme ils firent dans la suite, à la retirer d'une vie si honteuse; mais un cruel hasard donna à mon discours toute l'efficacité que je souhaitais, et fixa même par mon éloquence une jeune ame, qui peut-être sans ce secours inattendu serait demeurée dans une funeste irrésolution. J'étais tout près d'un assez grand lit, et comme je parlais avec beaucoup de force à cette jeune personne, elle se précipita à mes genoux pour me demander en grâce de la tirer de l'état où elle s'était engagée. Dans le mouvement qu'elle fit, une tabatière qu'elle avait sur elle tomba et roula sous le lit; elle leva les soubassements pour la reprendre, et se releva sur-le-champ avec un effroi qui ne lui permit de dire autre chose, sinon : « Monsieur, » sauvez-vous, vous n'êtes pas en sûreté ». Je me levai brusquement, et prenant un de mes pistolets de poche, je regardai moi-même sous le lit, où j'apperçus en effet un corps, mais sans mouvement, hors d'état de nous inspirer d'autres sentiments que celui de l'horreur. Je fis grand bruit pour appeler mon frère; la malheureuse Destouches vint à mes cris; je ne sais comment je ne lui brûlai pas la cervelle : mon frère qui accourut me rétint, quoiqu'il fût aussi indigné que moi; cette malheureuse nous demanda grâce, et nous forgea une histoire pour se décharger du crime dont, selon toute apparence, elle était coupable. Nous sortîmes et nous l'abandonnâmes à ses remords ; pour moi, j'emmenai la jeune personne avec laquelle je m'étais enfermé ; elle me pria d'elle-même de la conduire chez ses parents, ce que je fis. Elle était sûre de ne trouver que sa mère, et je fus étonné du courage avec lequel cette jeune enfant lui fit l'aveu de la façon dont elle avait été séduite par la fille même d'une des amies de cette pauvre mère. Elle lui fit une confidence entière de notre entrevue, de ma générosité. Je rendis témoignage, de mon côté, à la bonté de ses sentiments, que le peu de temps qu'elle avait passé dans le désordre n'avait point encore étouffés. Enfin les pleurs de la fille et de la mère me touchèrent, au point que j'aidai de mon mieux à la résolution qui fut prise de la mettre pour quelque temps dans un couvent, ce qui réussit dans la suite pour son établissement, et même au-delà de ses espérances. Le lendemain de cette aventure, on trouva dans la place de Grève le cadavre d'un homme qu'on publia s'être jeté par la fenêtre ; mais la Destouches ne laissa pas d'être arrêtée, et, moins punie qu'elle ne méritait peut-être, puisqu'elle fut seulement enfermée à la Salpètrière pour un assez long-temps. Cette aventure fut non seulement heureuse pour la jeune personne dont je viens de parler, elle me confirma moi-même dans l'horreur que j'avais toujours eue pour ces lieux infâmes, et me servit à inspirer à mon frère les mêmes sentiments. Il est vrai que nous cherchâmes bientôt l'un et l'autre à nous en dédommager. Ma mère avait alors une femme de chambre, jeune et bien faite; nous nous mîmes tous deux à lui faire la cour ; moi, comme à une femme, et mon frère, comme à une femme de chambre : aussi fut-il bientôt heureux. L'adresse de cette fille et la discrétion de mon frère me mirent dans le cas de troubler son bonheur par quelques infidélités qu'elle trouva bon de lui faire en ma faveur, avant que je fusse instruit de sa bonne fortune; mais enfin nous nous expliquâmes, et je me consolai d'autant plus sincèrement de la préférence qu'il avait d'abord obtenue, que j'avais fait une connaissance qui ne me laissa rien regreter du sacrifice que je lui fis. C'était une jeune fille de bonne famille, de mon âge, dont le père et la mère avaient chacun leurs galanteries à part. Le père me prit dans une grande amitié; et la mère, qui avait souvent besoin de distraire sa fille des observations qu'elle eût pu faire, et qu'elle faisait en effet, n'était point fâchée que je l'occupasse dans de certains moments où l'absence de son mari lui permettait de s'entretenir seule avec un ami de la maison. Je profitai si bien de cette liberté, que nous étions tous heureux et tranquilles, lorsqu'un rival vint troubler pour quelque temps cette douce tranquillité. C'était un épouseur; ainsi on était obligé de le souffrir, mais il souffrait lui-même beaucoup de mes importunes et fréquentes visites. Le père qui m'aimait, la mère à qui j'étais utile, la fille à qui je n'étais rien moins qu'indifférent, me défendirent long-temps contre le desir inquiet et marqué qu'il avait de m'éloigner de cette maison; mais il se trouva une occasion qu'il saisit avec étourderie, et qui ne devint funeste qu'à sa passion. Un jour mademoiselle de M.... (c'était le nom de notre maîtresse) trouva sur son escalier une lettre sans suscription; sa curiosité la lui fit décacheter. Elle avait à peine commencé à la lire, que M. de la B..., mon rival, entra et la surprit avec cette lettre au bas de l'escalier. Il la lui arracha, persuadé qu'elle était de moi, et malgré les instances de mademoiselle de M..... il l'emporta sans vouloir rien entendre..... Il la lut cette lettre avec tant de préoccupation, le contenu était tel, et marquait, avec la personne à qui elle était écrite, un commerce galant si bien lié, qu'il ne douta point que je n'eusse écrit cette lettre à mademoiselle de M... Son père était allé à la campagne, et ne revint que vers la nuit;

M. de la B... l'attendit et le guetta tout le soir de pied ferme, et le voyant descendre de carrosse à sa porte, il lui dit qu'il avait des preuves certaines de mon intelligence criminelle avec sa fille, et lui remit la lettre qu'il lui avait surprise le matin. Le pauvre M. de M..., aussi étourdiment que son prétendu gendre, met cette épître dans sa poche sans la lire, entre en fureur contre sa fille et contre moi, et monte tout de suite dans l'appartement de sa femme, à laquelle il n'était pas fâché d'avoir occasion de faire une bonne sortie. Il commença par des invectives, et même par de grosses injures. Il ordonna que sa fille fût appelée; il l'accusa d'une conduite avec moi dont en effet elle pouvait bien se reprocher quelque chose en secret, mais dont elle n'avait garde de convenir. Alors ce père offensé, ce mari brutal, ne feignit plus de tirer de sa poche, et de remettre à sa femme la prétendue preuve du déshonneur de sa fille. Tout fut interdit, tout trembla, excepté celui auquel il était réservé d'être interdit à son tour. La mère n'eut pas plutôt ouvert cette lettre, qu'elle reconnut l'écriture de son mari. Elle la dévora, et y trouvant clairement la preuve de son infidélité, la femme et le mari changèrent de rôle. Le pauvre M. de M... fut houspillé à son tour, et la fille justifiée. Le lendemain matin, je reçus une visite de M. de M... Ce fut par lui-même que je fus instruit de cette aventure; il me pria de venir dîner chez lui pour mettre la paix dans le ménage. Je n'eus pas de peine à y réussir, et je fus remis, par le père et la mère, dans tous mes droits; pour M. de la B..., mon rival, si M. de M... l'eût rencontré, je crois qu'il eût mal passé son temps; mais il prit son parti, et nous rendit, par sa retraite, la tranquillité qu'il avait voulu nous ôter. J'en jouis assez long-temps et avec assez de discrétion, pour que notre liaison ne mît point d'obstacle à un nouvel établissement assez solide qui se présenta pour mademoiselle de M....., mais qui déconcerta notre bonne intelligence. La comédie française, où j'allais souvent, me fournit bientôt de quoi réparer mes pertes.

La première connaissancc que j'y fis, 1704,
ce fut mademoiselle Beauval, cette fameuse 1705
actrice qui a été le modèle des reines et et 1706.
des soubrettes. Elle prit une si vraie amitié pour moi, que son âge déjà assez avancé pour sa profession, la mit en droit de me régenter, et de vouloir être pour moi une espèce de gouverneur. Comme elle jouissait de la réputation d'être aussi sage que grande comédienne, je recevais ses avis avec une sorte de respect, mais je ne les suivis pas à la lettre. Il y avait alors au théâtre une jeune actrice dont tous les galants de la cour et de la ville se disputaient la conquête. Ceux dont elle dépendait, la mettaient à si haut prix, que je n'avais garde d'y prétendre; cependant elle fit attention à tous les symptômes d'une grande passion que je lui laissais par tout entrevoir, et me trouvant un jour seul dans le foyer, elle me dit : *je ne sais si je me trompe, mais je crois que vous*

cherchez ici fortune. Cette vivacité me surprit, me démonta, me fit rougir ; elle s'en apperçut, et en sortant du foyer, elle me dit encore : *vous êtes bien discret ou bien timide.* Je demeurai confondu, et je sortis sur-le-champ de la comédie. Le lendemain, je lui écrivis tout ce que je n'avais pas eu la présence d'esprit de lui dire. Je gagnai son domestique, qui se chargea de lui rendre ma lettre, et qui me rapporta la réponse la plus agréable ; c'était un rendez-vous dans sa loge à la comédie, et elle me traita de façon à me faire sentir qu'elle était plus sensible qu'intéressée ; en sorte que, tandis qu'on la mettait à l'enchère, elle me fit entendre qu'elle donnait à son goût ce qu'on voulait qu'elle ne sacrifiât qu'à un intérêt dont l'idée l'occupait moins alors que celle du plaisir. Vous voudriez peut-être que je vous nommasse cette aimable actrice ; mais puisque je ne le fais pas, vous devez penser que j'ai de fortes raisons pour ne le pas faire. D'ailleurs ses sentiments pour moi ont été tels que je me crois tenu envers elle à la discrétion que j'aurai pour toutes celles qui ont eu pour moi les mêmes bontés. Quoi qu'il en soit, je jouis assz longtemps de cette bonne fortune ; la Beauval en eut quelques soupçons, et m'en parla plus d'une fois comme une personne plus attentive à ma fortune et à ma santé qu'à ma conscience. Enfin cette aimable actrice fut acquise et livrée à un homme de la cour. Quelqu'assurance qu'elle me donnât de me conserver ses bonnes grâces, je fus outré de douleur et de jalousie ; et, soit disposition naturelle, ou l'effet de la rage que j'avais dans le cœur, je tombai dans une maladie très-sérieuse, et qui ressemblait à une goutte volante, dont j'eus de très-fréquentes reprises pendant deux ans entiers. La première attaque me tint au lit ou dans ma chambre pendant plus de deux mois, et ce fut pendant ce temps que j'éprouvai un trait siugulier de l'amitié de la Beauval, par lequel je terminerai cette lettre.

J'étais un jour avec ma mère dans ma chambre, d'où elle sortait peu. On vint lui dire qu'une dame demandait à me voir. Ma mère fut étonnée, mais je le fus plus qu'elle; car je craignais que ce ne fût la jeune comédienne. Ma mère dit au domestique avec un air d'étonnement : *Une dame qui demande mon fils !* Elle n'eut pas plutôt achevé, qu'elle vit entrer une femme qui dit, en entrant brusquement : *Non, Madame, ce n'est point une dame; c'est la Beauval.*

L'embarras de ma mère ne dura qu'un instant; car la Beauval m'adressa la parole, et me fit un sermon si pathétique sur les petits égarements dont elle m'avait soupçonné, et sur ma maladie, qu'elle prétendait en être une suite, que ma mère en pleura de joie, l'embrassa à plusieurs reprises, lui demanda pour moi et pour elle son amitié, et surtout la pria de me donner toujours ses conseils, me faisant entendre que je ne pouvais rien faire de mieux que de les suivre; ma mère resta son amie tant qu'elle vécut. Le discours de la Beauval a pu vous faire naître un soupçon sur la nature de ma maladie, que je dois détruire. Lorsque je tombai malade, j'étais tout à-la-fois occupé du droit, de la théologie et de mes plaisirs. Comme j'avais l'ambition de briller un peu partout, je passais une plus grande partie des nuits à l'étude, pour avoir plus de liberté le jour, et plus de temps à donner à ma chère comédienne. Ces exercices multipliés m'échauffèrent le sang, l'appauvrirent, m'épuisèrent au point que j'en fus réduit dans un vrai danger, et que deux ans suffirent à peine pour me rétablir. En voilà bien assez pour cette fois ; je vous ai tenu parole, et vous n'entendrez plus parler de l'écolier. Bon jour, monsieur, amusez-vous à mes dépens, ou si je vous ennuie, souvenez-vous que je vous obéis.

Je suis, etc.

DEUXIÈME LETTRE.

Vous m'avez vu convalescent, monsieur, à la fin de l'année 1706. Ce fut à la campagne que j'achevai de me rétablir entièrement. Outre l'usage du lait qui devait y contribuer, on m'avait encore ordonné de monter tous les jours à cheval. Avec le retour d'une santé parfaite que cet exercice me procura, je lui dus aussi quelques connaissances dans le voisinage de la campagne de mon père. J'en fis une entr'autres qui subjugua très-sérieusement ma liberté; ce fut mademoiselle Fay..... qui n'était alors âgée que de 13 ans. Elle n'avait plus de mère, et c'était elle qui, dès cet âge tendre, faisait en souveraine les honneurs de la maison d'un père qui en était idolâtre. Elle avait l'esprit d'une vivacité singulière, mais peut-être un peu trop tourné au ton de la critique et de la raillerie. D'ailleurs, par sa naissance, sa fortune et son âge, nous nous trouvions assez bien assortis. Notre connaissance et plus encore le voisinage et les convenances lièrent nos parents; et le goût vif que nous avions pris l'un pour l'autre s'accrut par le commerce et l'union de nos familles. Mademoiselle Fay... avait une gouvernante qu'on soupçonnait avec quelque fondement d'être trop bien avec son père; mais on accusait trop légèrement ce magistrat de l'avoir épousée : il prouva, par un vrai mariage qu'il fit quelque temps après, que celui qu'on croyait fait avec la gouvernante de sa fille, n'était pas indissoluble.

Je vous dirai dans la suite ce que pro- 1707.
duisit ce mariage. L'amour, ou, si vous voulez, la fantaisie que nous avions l'un pour l'autre, et que nous traitions d'une façon vraiment romanesque, mademoiselle Fay.... et moi, fut bientôt troublé par les vues de mes parents. Comme on me destinait toujours à l'état ecclésiastique, on jugea à propos de tourner au profit de

mon frère les convenances que j'avais imaginé me devoir être favorables. On l'engagea de faire sa cour à la demoiselle, et à son père; mais il arriva trop tard, j'avais déjà dans mes intérêts le cœur de la fille, l'estime du père, et ce qui valait mieux que tout cela, la faveur de la gouvernante. Cependant ce contre-temps mit un furieux obstacle à nos espérances. Il est vrai que nous nous flattions de bonne foi qu'il ne ferait que différer l'accomplissement de notre projet, parce que nous nous jurions mutuellement que rien ne serait jamais capable de le détruire. Cette rivalité entre mon frère et moi, dans lequel je jouais le beau rôle, produisit une infinité de petits effets puérils dans lesquels j'avais l'amour et les rieurs pour moi, tandis que l'autorité paternelle lui donnait sur moi des avantages plus solides; mais enfin il les perdit tous, sans que je fusse en état d'en profiter, par la déclaration du mariage de M. Fay . . . . avec mademoiselle Fleu . . . . . . Quoique ce mariage ne pût donner d'ombrage sur la naissance de quelques cohéritiers, il produisit un effet qui rompit toutes les mesures de mon frère. La gouvernante de mademoiselle Fay..... fut outrée de voir occuper par une autre une place que le public lui donnait, et qu'elle croyait avoir méritée, comme elle me l'a dit plus d'une fois, par le sacrifice de sa jeunesse. Elle fit abandonner à mademoiselle Fay.... la maison de son père, à l'âge de 14 à 15 ans; elle la logea dans un hôtel garni. Cette équipée détruisit en un instant les vues qu'on avait eues pour mon frère, mais elle fit renaître toutes mes espérances. J'imaginai que, dès que j'aurais atteint 25 ans, je serais le maître de mes volontés, et que personne ne serait en droit de s'opposer à mon mariage avec mademoiselle Fay..... Sur cette belle idée, je continuai à lui faire ma cour; je la trouvais presque toujours seule avec sa gouvernante qui, comme je l'ai dit, était dans mes intérêts; et, si mademoiselle Fay.... avait eu moins de vertu, et moi moins de respect et de tendresse pour elle, je ne sais ce qu'il en fût arrivé; car la bonne gouvernante m'encourageait assez, et me tenait souvent ce discours qui ne m'est pas sorti de la mémoire : *Si j'étais homme et que je fusse aimé, et reçu de ma maîtresse comme vous l'êtes, et dans l'état où vous tenez la vôtre, elle ne sortirait pas de mes bras sans avoir fait mon bonheur.* Elle n'eût peut-être pas été fâchée de procurer à son infidèle, (car c'est ainsi qu'elle appelait le père de sa jeune pupille), elle n'eût pas été fâchée, dis-je, de lui procurer cette petite mortification; mais enfin mademoiselle Fay.... et moi nous lui répondions qu'elle était folle, et nous étions contents de nous aimer. Cette belle passion n'aboutit à rien, et pour n'y plus revenir, je vous dirai que la pauvre demoiselle fut remise au bout de quelques mois entre les mains d'une grand'mere et de là au couvent; qu'elle perdit monsieur son père, et qu'enfin sa famille l'ayant encore plus resserrée, l'ennui de la retraite lui fit épouser un homme qu'elle n'aimait point, et dont elle devint dans la suite si jalouse, que cette frénésie la porta à des excès assez ridicules. D'autres événements nous ont trop long-temps après réunis ainsi que nos familles, mais n'ont point réveillé des goûts depuis long-temps effacés. Il est vraî que, de mon côté, dès l'année 1707, j'avais fait une connaissance assez étroite avec une jeune demoiselle des plus aimables de Paris, et dont les charmes ensuite ont fait grand bruit dans le monde. Mon père avait eu envie de marier cette jeune personne, qui se nommait mademoiselle de B....., au neveu d'un de ses amis; et ce fut dans un souper et une espèce de bal qu'il donna pour leur entrevue, que je la vis pour la première fois. Elle fut placée à table entre son prétendu et moi. J'avais le sang trop vif et le tempérament trop reposé pour qu'elle ne fît pas naître en moi des desirs assez violents. Ces desirs étaient aussi vivement peints dans mes yeux que dans la contenance embarrassée de toute ma personne. Les yeux de la belle B..... s'en apperçurent, et apparemment m'en surent gré; elle ne parla presque qu'à moi, elle ne mangea que ce que je lui offris. Dès qu'elle eut ouvert le bal avec son froid galant, elle me prit à danser avec elle. Enfin ce galant qui était mon ami, lui ayant demandé la permission d'aller la voir, elle lui répondit qu'elle y consentait, pourvu que ce fût avec moi. C'en était trop pour un cœur comme le mien, et qui n'avait alors d'autre pâture qu'une passion de roman et des espérances fondées sur un avenir très-incertain. Mon ami ne tarda pas à me sommer de venir avec lui chez madame H. . . . . mère de mademoiselle de B.... Je ne m'en fis pas prier, et cette brave dame, la plus douce et la plus complaisante des mères, prit un prétexte pour nous laisser seuls avec mademoiselle sa fille. Alors mon pauvre ami s'efforça à devenir galant; et comme sa future s'adressait plus à moi qu'à lui, il s'avisa de lui dire que dans la recherche qu'il faisait d'elle il comptait bien que je serais l'ami de la maison, et qu'elle serait *notre femme à tous deux ;* ce furent ses propres termes. Mademoiselle de B.... les reçut d'un air assez piqué, et lui répondit, un peu savamment ce me semble pour une fille de 17 ans : *Monsieur, pour ces sortes de marchés on ne prend guère les avis d'un mari ; mais avec de pareils sentiments vous ne serez jamais le mien.* Il eut beau vouloir se retourner, elle n'en voulut point démordre ; la mère fut instruite du propos, et le pauvre diable reçut son congé dans les formes. Quant à moi, la mère et la fille me caressèrent beaucoup, et l'une et l'autre me prièrent de les venir voir souvent. Cette dame était veuve, elle avait deux filles dont la charmante de B.... était la cadette. Il y avait toujours beaucoup de monde dans sa maison, et je m'apperçus bientôt qu'un certain chevalier de Saint-Louis, dont le nom m'est échappé, en faisait les honneurs. Cette bonne mère était encore en âge de goûter le plaisir, et elle l'aimait ; elle s'apperçut aisément du goût que j'avais pour sa fille cadette, et elle s'imagina sans doute que j'étais un meilleur parti pour sa fille que celui que mon père lui avait proposé. Elle chercha donc elle-même à m'engager de façon à ne pouvoir reculer. Elle n'eut pas de peine à me faire consentir de voir sa fille avec une entière liberté; on imagina pour cet effet de lui faire apprendre des rôles de tragédie, et je fus choisi pour les lui faire répéter et lui communiquer quelque talent que je croyais avoir acquis par ma fréquente assiduité au spectacle. Mon écolière débuta par le rôle de Monime, et l'on trouvait qu'elle ne jouait jamais mieux que lorsque je répétais avec elle celui de Xipharès. Nos études se faisaient le matin, et j'avais le privilége de donner mes leçons dans la chambre de ma belle écolière, que je prenais souvent au saut du lit dans un parfait déshabillé, et avec laquelle je restais seul souvent deux ou trois heures de suite. On ne peut pas dire des vers et déclamer pendant trois heures; il fallut bien y admettre des intermèdes; nous

nous mêmes insensiblement d'accord sur le choix, et bientôt nous nous félicitâmes réciproquement de celui que nous avions fait. De ma part, beaucoup de ménagement qui ne m'était pas même recommandé, fut toute la précaution que je fus obligé de prendre pour jouir tranquillement de ma conquête. Une petite aventure qu'il faut bien vous raconter, puisque je m'en souviens, troubla cette tranquillité, mais ce ne fut que pour deux fois vingt-quatre heures. Madame H. . . . avait une petite maison de campagne à quatre lieues de Paris; elle y passait ordinairement l'été, et elle y était alors avec son chevalier, sa fille cadette, et une nièce qui était un peu plus âgée que sa cousine, avec un peu moins de beauté, quoiqu'elle fût ce qu'on appèle une fille bien faite de tout point. Elle avait avec cela des talents supérieurs pour la musique; je fus invité d'aller à cette campagne. Je cachai si bien ma marche à ma famille, que je trouvai le secret d'y aller passer huit jours, dans le temps des vendanges, mais la disposition de cette maison était telle que les deux cousines couchant dans la même chambre, je n'avais pas la même commodité pour mes entretiens secrets avec mademoiselle de B..... Il est vrai qu'il y avait un jardin, dans ce jardin un petit bois fort sombre, et au bout de ce bois un petit cabinet meublé de deux antiques sophas qui servaient le jour à se reposer et à jouir d'une assez belle vue. Un soir qu'il y avait compagnie chez madame H..... et qu'elle était occupée d'une partie de jeu, je vis sortir mademoiselle de B.... de la salle d'assemblée; je ne tardai pas à en sortir moi-même par la porte qui donnait sur le jardin. Comme il était nuit, je chantai pour me faire entendre de mademoiselle de B.... et m'enfonçai dans le bois. J'y fus à peine que j'apperçus dans l'ombre une figure qui se sauvait dans le cabinet; je ne doutai point que ce ne fût mademoiselle de B..... Je la suivis; mon erreur, dont mon transport autant que l'obscurité m'empêcha de m'appercevoir, mon erreur, dis-je, alla tout aussi loin qu'elle pouvait aller, et je n'en fus tiré que par l'arrivée et un cri très-involontaire de mademoiselle de B.... Le fantôme que j'avais pris pour elle s'échappa de mes bras; mademoiselle de B.... poursuivit le fantôme et moi je les suivis lentement toutes deux, très-peu fâché, mais très-confus de ma méprise. Je craignais l'explication, ainsi je leur donnai tout le temps de m'éviter; nous ne nous retrouvâmes qu'à table, et c'eût été quelque chose de plaisant que nos mines pour quelqu'un qui en eût su la cause. J'avais eu le temps de me douter que la cousine était pour son compte dans notre aventure; mais son air embarrassé leva tous mes doutes. La compagnie nous badina tous trois, et comme mademoiselle de B.... avait moins de reproche à se faire à elle-même, elle m'accusa avec assez de liberté et un peu plus de colère d'avoir été dans le bois leur faire une peur dont la cousine et elle n'étaient pas encore remises. On me fit une leçon sur les dangers qu'il y a à effrayer des jeunes personnes. Je reçus la correction modestement, et la mère ayant elle-même pris ma défense, j'eus enfin le lendemain une longue explication, et le surlendemain ma grâce.

Voici encore une petite aventure qui m'arriva à cette même campagne, et qui flatta beaucoup ma vanité sans avoir d'autre suite. Il y avait dans le voisinage une célèbre abbaye de filles où mademoiselle de B.... avait été élevée, et avait encore toutes ses connaissances; elle voulut m'y conduire. Je n'ai pas la sottise de croire que ce fût pour faire honneur à ses charmes de leur empire sur le cœur d'un homme de mon espèce; mais elle m'aimait, et dès-lors il était tout naturel qu'elle m'estimât plus que je ne valais; enfin, elle me mena dans cette abbaye, m'y présenta à ses compagnes, et fit un peu en souveraine les honneurs de ma personne. Parmi ces compagnes il y en avait une qui était de son âge, et qui venait de faire profession; c'était la fille du duc de.... Elle était belle comme le beau jour.

Après une conversation de deux heures et une collation propre et légère, comme nous sortions du parloir, la jeune professe me pria de lui dire un mot en particulier. Ce mot, qu'elle me dit en grand mystère, fut que, puisque je retournais bientôt à Paris, elle me demandait une grâce, de vouloir bien me charger pour elle d'une petite commission qu'elle ne pouvait me donner que le lendemain, parce qu'il fallait qu'elle écrivît. Je m'engageai à venir prendre sa lettre et à me charger de cette commission, et je n'y manquai pas le lendemain matin. Mais quelle fut ma surprise, lorsque cette jeune religieuse en pleurs me fit l'aveu le plus tendre. « Je sais, dit-elle, que je trahis » mon amie, mais j'y suis contrainte par un » sentiment qui est plus fort que moi, et » j'en aurais peu de scrupule, si vous me » trouviez digne de vous dédommager du » sacrifice que je vous demande ». Elle ne l'était que trop : grande naissance, beauté parfaite, esprit agréable, caractère de douceur ; amour prévenant par-dessus tout cela, que d'écueils pour la constance! Aussi je n'imagine pas devoir lui faire honneur de toutes les réflexions qu'une telle déclaration me fit faire en un instant. La difficulté de se voir, les obstacles de la clôture, les dangers d'un tel commerce, voilà tout ce que j'envisageai, et sur quoi je fondai ma très-peu courageuse défense. Ma jeune professe avait réponse à tout, et voici comme elle prétendait lever toutes ces difficultés. « Il ne s'agit, dit-elle, que d'user de » diligence; il y a actuellement une brèche » à notre parc, elle ne peut être réparée » d'ici à huit jours: rendez-vous y, à jour » marqué avec une chaise, je m'y trou» verai exactement à l'heure que vous me » donnerez, et vous m'emmenerez en Hol» lande, où je vous épouserai, je vous en » donne dès à présent ma foi..... » Malgré l'effroi que me causait une pareille proposition, je me prêtai volontiers à recevoir de tendres gages de cette foi dont je ne voulais point tâter, et je reçus tous ceux que la grille pouvait lui permettre de me donner. Après cela il ne me fut plus permis ni possible de heurter de front une si singulière résolution. Je ne me battis en retraite que sur le défaut d'argent, que sur le triste avenir que je devais prévoir plus pour elle que pour moi, que sur la douleur que j'aurais de la voir sans ressources dans un pays étranger, et dans un état si peu fait pour sa naissance et pour sa beauté. Toute mon éloquence fut inutile; elle me peignit avec les traits les plus expressifs la tyrannie de ses parents, la rage qu'elle avait dans le cœur sur son état, la force de la passion qu'elle croyait avoir pour moi, le danger des résolutions violentes où elle pourrait se porter; en un mot elle chercha à m'intéresser per la religion même, en me rendant responsable de son salut, si bien que je me trouvai contraint à feindre de me rendre à ses raisons, et à l'assurer que je mettrais tout en œuvre pour me rendre digne de l'honneur qu'elle me faisait, en m'efforçant de lever tous les obstacles qui m'arrêtaient. Nous nous fîmes de tendres adieux, et la grille qui venait d'être arrosée des pleurs de la belle professe fut la dépositaire et la complice de tout ce qui put servir à l'expression vive de sa tendresse, de sa joie, et de ma reconnaissance.

Je retournai dîner chez madame H.....; je gardai avec mademoiselle de B..... le secret qu'on avait exigé de moi, et je retournai le même jour à Paris, où je reçus deux jours après une grande lettre de ma belle religieuse. Sa présence ne m'en imposait plus; je lui fis une réponse très-raisonnée et très-raisonnable. Je ne fus point instruit de l'effet qu'elle avait fait sur elle; mais ce que je dois à la vérité, c'est qu'ayant toujours pris un véritable intérêt à ce qui pouvait la toucher, j'ai appris successivement qu'elle avait été nommée abbesse d'une très-belle abbaye, dans une ville où le hasard pensa me fixer à-peu-près dans le même temps; qu'elle s'y est parfaitement bien conduite, et avec édification, et est enfin morte regretée de tous ceux qui l'ont connue.

Je reviens à mademoiselle de B.... et à
mon voyage. Toutes les précautions que
j'avais prises pour en dérober la connaissance à ma famille furent inutiles ; un
indiscret qui s'était trouvé chez madame
H..... au souper dont j'ai parlé, homme
qui m'était inconnu, mais qui connaissait
mon père, s'avisa, quelques jours après,
croyant faire des merveilles, de lui dire
qu'il avait soupé avec moi chez madame
H.... à sa campagne. Il fit plus, il fit l'éloge
de ma gaité, de ma voix, de ma galanterie, et me loua d'une infinité de petits
riens, que mon père n'estimait nullement louables dans ma personne, parce
qu'il la destinait à un état où ces agréments
de la société sont ordinairement de trop
et nuisibles à la fortune. Je fus répri- 1708.
mandé, grondé, boudé pendant quelques jours ; et ce qu'il y eut de pis pour
moi, c'est que malgré mes protestations,
il fallut de nécessité me résoudre à entrer
au séminaire pour y passer un an. Il est
vrai que ma mère qui m'aimait, et qui

eût bien voulu ne me pas contraindre, me fit adoucir cette longue retraite, par des absences fréquentes, et même par un voyage de trois mois qu'on me permit de faire au petit prieuré que j'avais au pays du Maine. Le séminaire n'interrompit point mes liaisons avec mesdemoiselles Fay...... et de B...... Je cultivais toujours honnêtement la première, et la seconde me dispensait du respect qu'exigeait de moi sa rivale ; mais les occasions de nous voir étaient moins fréquentes.

Ce fut dans le séminaire des Bons-Enfants que je fus placé ; j'y fis bien des connaissances qui me sont restées ; la plus distinguée fut celle du prince Frédéric d'Auvergne, qui m'a conservé l'amitié la plus constante et la plus tendre jusqu'à sa mort : j'aurai plus d'une occasion de vous parler de lui dans le cours de ma vie. Je fis quelques autres amis assez recommandables dans ce séminaire, et il y en a encore quelques-uns dont je cultive l'amitié avec plaisir. Je n'aurais jamais fait, si je

m'amusais à vous raconter toutes mes
espiègleries ; c'étaient alors pour nous des
plaisirs ravissants ; mais ce ne seraient pour
vous que d'ennuyeuses misères. Le voyage
que je fis au Maine avec mon frère, et l'intendant de mon père, eut quelques évènements, comme la rencontre inopinée d'un
parent de ma mère, qui vivait dans ses
terres, et qui nous y reçut sans nous connaître, mais nous y retint avec les expres-
sions de la joie la plus vive, après nous
avoir reconnus. Joignez à cela une couple
de petites aventures bourgeoises et de pas-
sades dont le détail serait peu intéressant ;
voilà ce qui nous amusa jusqu'à notre retour à Paris. Je rentrai dans mon séminaire
et repris mes anciens errements chez mademoiselle de B..., et plus rarement chez
mademoiselle Fay...., qui avait perdu son
père, et qui était plus resserrée que jamais
dans le nouveau couvent où elle était retenue par sa famille, tandis que je l'étais
moi-même par le grand hiver qui inter- 1709.
rompit sans doute des commerces encore

plus importants. Quoique la rigueur de l'hiver durât encore au temps du carnaval, trois ou quatre de mes meilleurs amis obtinrent la permission de sortir du séminaire pour le passer en ville. J'étais désespéré de prévoir que je n'en pourrais faire autant; mon désespoir me rendit industrieux. J'imaginai de me faire écrire une fausse lettre comme venant de ma mère, pour m'engager à obtenir de mes supérieurs la permission d'aller passer quinze jours auprès de mon père qui, en effet, était indisposé. Ce fut l'abbé de Breteuil, depuis évêque de Rennes, qui fit la lettre, et elle eut un plein effet. Je chargeai aussitôt mon domestique de me louer une chambre garnie. J'eus le même jour d'un de mes amis habit brodé, perruque nouée, chapeau bordé, épée, et tout l'attirail d'un cavalier; et m'étant travesti chez lui, j'allai occuper un petit appartement rue de Touraine, près les Cordeliers. J'eus l'effronterie de me montrer à la Foire, au spectacle, au bal, et surtout chez mademoiselle de B....

dans cet équipage. J'y fus très-bien reçu, et très-applaudi de sa mère; elle ne voulait plus, me dit-elle, me voir autrement. Avant de passer outre aux suites de ma métamorphose par rapport à mademoiselle de B...., il faut que je vous fasse part d'une petite aventure qu'elle me procura dans mon hôtel garni. Il était tenu par deux vieilles filles; et comme pour cacher à ma famille mon absence du séminaire, il fallait que mon domestique, qui n'y était pas logé, retournât tous les jours à neuf heures chez mon père, une de ces bonnes demoiselles m'attendait et prenait elle-même soin que je trouvasse un bon feu dans mon appartement. Un soir que je rentrai de bonne heure, c'est-à-dire sur le minuit, cette brave hôtesse me conduisit dans ma chambre, et s'assit avec moi sans façon près du bon feu qu'elle m'avait préparé. Comme sa compagnie m'ennuyait, je lui dis que j'allais me coucher.... *Quoi! seul,* me dit-elle d'un ton radouci.... *Oui, vraiment, seul,* lui dis-je; *croyez-vous que je fusse ca-*

pable de violer les droits de l'hospitalité en couchant avec vous? Oh! mon dieu, monsieur, que dites-vous là? Dieu me garde d'avoir cette pensée, je ne suis pas digne de cet honneur-là; mais il faut que je vous dise que vous avez fait la conquête de la plus jolie fille de ce quartier, et qui a une si grande envie de vous voir qu'elle en sèche sur pied. Hélas! la pauvre mademoiselle Jeanneton mourra de douleur si vous lui refusez l'honneur de vous faire la révérence..... Ecoutez, lui répondis-je, *je n'aime point à faire mourir personne; mais, mademoiselle Jeanneton, voilà un nom qui me fait tressaillir de peur; d'ailleurs, mademoiselle Jeanneton dort sans doute à présent, et voici une heure bien singulière pour faire des révérences.....* Oh! monsieur, me dit mon hôtesse, la pauvre mademoiselle Jeanneton gelerait plutôt toute la nuit à sa fenêtre que d'en sortir avant que de vous avoir vu rentrer; et je suis bien certaine qu'elle est encore derrière ses vitres pour voir ce que vous faites dans votre chambre; tenez, continua-t-elle, en ouvrant ma fenêtre, voyez si je me trompe. En effet, j'apperçus de l'autre côté de la rue, au second étage, une fenêtre éclairée, et il me parut quelqu'un derrière l'ouverture de la même. C'était apparemment le signal dont on était convenu; car à l'instant la lumière et son ombre disparurent. Je crus en être quitte, et malgré les assurances que mon hôtesse me donnait de la bonne conduite et de la bonne santé de mademoiselle Jeanneton, je cherchais à me défaire de ma charitable hôtesse, lorsqu'on sonna à la porte. Elle y vola, et revint sur-le-champ avec la pauvre demoiselle Jeanneton : celle-ci, sans me donner le temps de la considérer, se jète à mon cou, et me serre dans ses bras, en me donnant toutes sortes de jolis noms selon la portée de son esprit; ce n'était pourtant ni *mon cœur* ni *mon roi*, ce qui me rassura un peu. L'hôtesse disparut; je considérai mademoiselle Jeanneton avec plus de loisir : je la trouvai propre, jolie, bien fait et fraîche; je ne pus jamais prendre sur moi d'avoir la cruauté de la mettre à la porte. Quand mon laquais revint le lendemain, il eut deux toilettes à faire pour une; je régalai la pauvre mademoiselle Jeanneton et mes hôtesses en café au lait, et je renvoyai ma Jeanneton fort contente de moi, avec l'espoir de nous revoir. Je fis encore mieux pour elle : je donnai à souper dans mon hôtel à cinq de mes amis, et mademoiselle Jeanneton fut de la partie; elle y voulut jouer le rôle d'amante fidèle, c'est-à-dire qu'elle fit la mijaurée; mais j'avais un tel empire sur elle, qu'elle eut la complaisance d'être infidèle pour la première fois de sa vie : cette assurance n'était que de style.

Je rentrai enfin au séminaire le mercredi des Cendres, et quittai tout à la fois les airs mondains, et mademoiselle Jeanneton. Quelques jours après je retournai chez mademoiselle de B.... Mais on m'introduisit chez la mère, que je trouvai aussi noire que l'habit que j'avais repris. Elle me reçut très-froidement, et me dit qu'elle était étonnée que je revinsse chez elle dans cet équipage; qu'ayant fait pendant deux ans ma cour à sa fille, elle s'était figuré que je n'avais point d'autre dessein que de l'épouser, et qu'il était temps que je me déclarasse, ou que je m'abstinsse de la voir. Je fus plus étourdi qu'assommé de cette proposition ; et comme je n'étais pas maître de mes volontés, je rejetai sur celle de mes parents, l'indécision où j'aurais voulu laisser cette affaire : mais on ne me laissa point de milieu, entre épouser ou me retirer. Je fus obligé d'accepter ce dernier parti, c'est-à-dire mon congé dans les formes. Je demandai, mais inutilement, à voir mademoiselle de B.... Je pleurai, mes larmes ne furent pas plus persuasives; et enfin je quittai cette maison, pénétré de douleur. Le temps en vint à bout, et quelques mois après je sortis d'une autre maison, je veux dire du séminaire, avec autant de plaisir, pour le moins, que j'avais eu de douleur d'abandonner celle de mademoiselle de B.... Je quittai le séminaire sans avoir pu prendre aucun ordre, et toujours bien constamment opposé à la destination que mes parents avaient faite de ma personne pour l'état ecclésiastique. Malgré cette opposition, qui n'était pas un mérite pour mon état, je ne laissai pas d'être nommé à une abbaye dans la même province où j'avais déjà eu un prieuré. J'eus beau résister à l'accepter, parce que je regardais mon acceptation comme un engagement; il fallut en passer par-là, sur l'assurance de mon père que cela ne m'engageait à rien, et qu'à 25 ans je serais le maître de remettre mes bénéfices, et de prendre tout autre état qui me conviendrait. J'allai remercier le roi, et ce grand monarque eut la bonté de s'arrêter à moi, et de me dire: *Qu'il était bien aise de m'avoir fait du bien; qu'il connaissait les services de mon père; que si je l'estimais, il prendrait encore plus de soin de ma fortune.* Cette marque de bonté distinguée de Sa

Majesté, m'attira des compliments, des offres, des caresses, de tous les grands qui se trouvèrent dans la chambre du roi, et qui un moment avant mon audience, m'avaient coudoyé, crossé pour ainsi dire, comme un homme qui n'était pas fait pour être là. Tout jeune que j'étais, je fis sur ce changement de la cour à mon égard, des réflexions sérieuses, que l'expérience ne m'a depuis que trop confirmées.

Je fus peu de jours après persuadé que la même bonne foi, ou plutôt la même fausseté règne encore avec plus d'empire dans l'état ecclésiastique. Il était arrivé dans le faubourg Saint-Germain une aventure aussi scandaleuse que criminelle. Des mousquetaires et un jeune ecclésiastique, bachelier en théologie, s'enivrèrent dans un cabaret ou dans un mauvais lieu; ils en étaient sortis, les deux mousquetaires l'épée à la main, et le bachelier à leur suite; ils avaient insulté les boutiques, et il y eut un enfant de tué dans le tumulte. On eut l'impudence de donner au roi un mémoire dans lequel on m'accusa d'avoir été l'un des complices de cette horrible bagarre. On ne balança point à m'y faire jouer le rôle du sorboniste ; je devais y avoir été traîné dans le ruisseau par la canaille, et mes habits déchirés, m'être sauvé avec les mousquetaires dans leur hôtel. Ce mémoire fut remis au père Letellier, peu de jours après que j'eus reçu le brevet de mon abbaye. Il n'était question de rien moins que de me retirer ce brevet ; le père Letellier me fit prier de passer chez lui ; il me fit lire ce mémoire ; j'en fus plus indigné qu'ému, parce que j'avais connaissance de l'affaire. Le jour même qu'elle était arrivée, j'avais dîné chez le prince Frédéric d'Auvergne, et j'avais vu de chez lui les deux mousquetaires fuyants et poursuivis des archers ; mais il était question du tapageur ecclésiastique que je ne connaissais point, et que le père Letellier voulait connaître : la justice que la Sorbonne exerça sur ce malheureux bachelier, en le chassant de sa maison, trahit son secret, sans que j'eusse la douleur de m'en mêler; et lorsque le père Letellier en rendit compte au roi, ce monarque lui répondit: « Je me doutais » bien que notre jeune abbé n'était pas de » ces gens-là; sa physionomie n'a rien qui » annonce un pareil libertinage ». Cette affaire assoupie, j'allai au pays du Maine prendre possession de mon abbaye. J'y retrouvai mes connaissances de l'année précédente: et vous trouverez bon que je me repose et vous laisse vous reposer vous-même jusqu'à mon retour.

Je suis, etc.

TROISIÈME LETTRE.

C'EST au Maine que vous me laissâtes dans ma précédente, monsieur, où je finis
1710. l'année 1709. C'est à Paris que vous allez me retrouver au commencement de 1710. La seule action sérieuse qui m'y occupa pendant cette année, ce fut un acte public en droit, où mon père, qui avait toujours ses vues, voulut que je prisse le bonnet de docteur. Je soutins cet acte au milieu d'une des plus belles assemblées qu'on eût vues depuis long-temps aux écoles de droit, et je m'en acquittai avec assez de distinction; cela ne veut pas dire que je fusse un grand docteur, ni fort savant dans les lois; cela signifie seulement que si cette étude eût été de mon goût, j'étais suffisamment préparé pour m'y livrer, d'autant plus que j'aimais la lecture : j'aimais même à produire; mais mon imagination, dans la fougue des

passions auxquelles je tenais par tempérament, n'était point assez docile aux vues de ma famille, pour s'occuper des choses sérieuses. Le goût des plaisirs et celui des spectacles en particulier eurent moins de peine à se la soumettre, et toutes mes lectures, ainsi que mes productions, étaient relatives à ces deux objets. Ce serait ici le lieu de vous parler de quelques-uns de mes ouvrages ; mais je me réserve le plaisir de vous faire en particulier mon histoire littéraire. Je n'ai uniquement consacré ces lettres qu'à mes galanteries ; et je ne vous y parlerai des évènements sérieux de ma vie, que pour vous en marquer les époques.... Me voilà donc de retour à Paris, ayant reçu depuis près d'un an mon congé de la mère de mademoiselle de B....

J'avais trouvé dans la province quelques consolations de passage; mais je me retrouvai à Paris, tout à fait isolé et sans la moindre occupation pour mon cœur. Dans cet état je fus conduit chez la veuve de monsieur de V...., lieutenant-général des armées du roi, qui était de nos parentes. Elle avait deux filles, dont l'aînée était alors avec elle, et la cadette au couvent, et deux fils à peu près de notre âge. Nous y allions souvent, mon frère et moi, et nous voilà encore rivaux. Je fus aussi heureux dans cette seconde rivalité que dans la première; mademoiselle de V... me donna hautement la préférence, ainsi que sa mère, et comme cette dame souhaitait sincèrement de réunir nos familles par une alliance, je fus dès lors secrètement choisi par elle, et la fille voulut bien me confier que ce choix ne lui déplaisait pas; car il est bon que vous sachiez que malgré l'abbaye et les projets de mon père, je disais à qui voulait l'entendre, que mon petit collet ne tenait à rien. Je cultivai donc l'amitié et les sentiments de mademoiselle de V...., avec autant d'ardeur et de respect, mais avec un peu moins de liberté que je n'en avais avec mademoiselle Fay....

J'étais dans ces dispositions, lorsqu'étant allé un jour à la messe aux Cordeliers, j'y vis entrer une dame très-parée, à la quelle on portait la robe. Son premier aspect me troubla sans m'éclaircir sur ce qui faisait naître mon trouble. Plus elle s'approchait de moi, plus je me sentis ému; ma vue même se troubla, au point que je ne reconnus mademoiselle de B.... que lorsqu'elle prit une chaise à côté de la mienne. Notre surprise fut égale; nous ne nous étions point vus depuis que sa mère m'avait interdit sa maison. Elle m'apprit qu'elle était mariée à un homme de robe, qu'elle logeait à deux pas de l'église où nous venions de nous retrouver, qu'elle était actuellement maîtresse de sa maison, et qu'elle espérait de m'y voir souvent. Pour cet effet, elle m'engagea à lui donner la main au sortir de la messe, voulant sur-le-champ me présenter à son mari, et me faire faire connaissance avec lui. Je ne puis vous dire tout ce que des prévenances si douces de la part d'une des plus jolies femmes de Paris réveillèrent en un instant de mouvements agréables dans mon cœur. Je n'avais jamais eu à me plaindre de mademoiselle de B...; ce n'était ni dépit, ni le mépris qui l'avait éloignée de ma mémoire, et rien ne l'avait effacée de mon cœur; je me retrouvai donc aussi pénétré d'amour pour elle que je l'eusse jamais été. Je la conduisis chez elle; son mari ne s'y trouva point; mais j'y rencontrai sa mère qui logeait avec elle, et qui m'obligea par la plus caressante réception à oublier la petite injure qu'elle m'avait faite. On me pressa de rester à dîner, pour me lier sur-le-champ de connaissance avec le mari; mais cela me fut impossible : il m'était réservé de la faire, cette connaissance, d'une façon assez singulière, pour ne pas dire ridicule. Je promis de revenir au premier jour, et je tins parole dès le lendemain. Il est vrai qu'ayant fait partie d'aller ce même jour coucher à la campagne chez un de mes amis qui avait une belle maison à Châtillon, je me présentai en habit de campagne assez galant, chez monsieur de C.... ; c'était le nouveau nom de mademoiselle de B.... Je montai d'abord à sa toilette ; elle me dit que son mari était enfermé avec un évêque, et qu'elle me présenterait à lui, dès que le prélat serait sorti. Le cabinet de toilette où la dame m'avait reçu n'avait point d'autre issue que la porte par laquelle on y entrait... A peine avais-je été un quart-d'heure en conversation avec madame de C... qu'on vint lui annoncer l'évêque de.... ; ce nom me fit tressaillir. Il était ami de mon père, il me connaissait; je me trouvais en habit de campagne, tout cela me fit une impression vive. J'étais léger et ingambe; il n'y avait pas moyen de se sauver ; sans autre consultation, je me précipitai sous la toilette, et m'y tins caché tant que dura la visite de l'évêque, qu'on laissa tête-à-tête avec la dame ; car on ne comptait la toilette pour rien. Le bon prélat était encore d'âge à être galant : il en prit le ton et même quelques façons. La dame ne pouvait se tenir de rire, et j'avoue que je n'en avais nulle envie. Si les choses eussent été poussées plus loin, je ne sais ce que je serais devenu. Enfin cette visite se termina de tout point, à mon grand contentement; mais, une aventure plus embarrassante m'attendait encore. Comme l'évêque sortait de l'appartement, et dans le moment que je me dégageais de la toilette pour me remettre en pied, le mari entra dans le cabinet de sa femme, et me trouva dans la même position d'Orgon dans le Tartuffe, c'est-à-dire encore à genoux et affublé des mousselines qui entouraient la toilette; la tête de Méduse ne m'aurait pas rendu plus immobile, ni le mari plus déconcerté. Pour madame de C.... et même sa femme-de-chambre, il leur prit à toutes deux un fol rire si excessif, qu'elles n'étaient point en état de faire finir notre embarras; et nous formions tous quatre un tableau des plus comiques. Il fallut pourtant bien en venir aux explications, et enfin madame de C.... fit à son mari un récit fort obscur, et interrompu par un rire continuel, de l'aventure qui causait notre commune surprise. Dès qu'elle m'eut nommé, le très-honnête mari m'aida à me relever, m'embrassa, me fit excuse sur ce que mon habit l'avait empêché de penser que ce fût moi. Il m'engagea à dîner, et, dès ce moment, nous fûmes les meilleurs amis du monde. J'avais déjà vécu quelques semaines avec monsieur et madame de C......, sans m'appercevoir qu'il y eût aucune mésintelligence dans le ménage, quand madame H...., mère de madame de C...., me demanda un entretien particulier; voici quel en fut l'objet. Elle m'apprit que son gendre avait une maîtresse, qu'il négligeait beaucoup sa femme, et qu'il avait le mauvais procédé d'amener souvent sa dame souper chez lui avec sa femme; que madame de C..... sa fille n'était point assez sensible à cet affront; et que pour elle, elle n'y pouvait plus tenir; qu'elle savait l'empire que j'avais sur l'esprit de sa fille, et qu'ayant déjà fait de vains efforts pour l'engager à quitter son mari, elle avait jeté les yeux sur moi, comme sur celui de ses amis le plus capable de lui inspirer une résolution nécessaire à son bonheur, et elle ne feignit point de dire, le plus intéressé à la lui conseiller. J'eus le bonheur de sentir toute l'importance et toutes les conséquences d'une pareille proposition. J'y répondis d'une façon ambiguë, et l'assurai que je donnerais à sa fille en cette occasion, et les conseils que je lui croyais nécessaires, et toutes les marques de la sincère amitié que j'avais pour elle. C'était le propre intérêt de madame de H.... qui la faisait parler et penser ainsi. Elle aimait le plaisir; la beauté de sa fille commençait à faire du bruit dans le monde. Elle se flattait que l'ayant à sa disposition, on aurait besoin d'elle pour y arriver; qu'elle serait de tout, et partagerait les fêtes, les plaisirs qui allaient la suivre en foule dès qu'elle aurait fait une démarche aussi inconsidérée. Mais elle ne réfléchissait point assez pour penser qu'un mari abandonné a des ressources dans l'autorité pour empêcher sa femme de s'abandonner elle-même. Pour moi, je pensai tout cela, et je crus même servir assez bien mes propres intérêts, en donnant à madame de C.....

des conseils tout différents de ceux qu'on exigeait de moi; elle m'en crut et s'en est assez bien trouvée. Ce fut par des complaisances outrées, par des attentions marquées pour sa rivale, qu'elle trouva le secret de la bannir de sa maison et du cœur de son mari. Cette femme en devint d'abord plus impérieuse et plus impertinente. Le mari fut quelque temps incertain entre deux personnes qui devaient lui être au moins également chères. L'insolence de l'une et la douceur de l'autre, lui ouvrirent les yeux; il détesta celle qu'il avait adorée, et devint l'esclave de celle qu'il avait traitée jusqu'alors avec indifférence. Mais comme il était coupable, ce ne fut plus qu'à titre de grâce qu'on se rendit à lui : et madame de C.... prit de ce moment un tel empire sur son mari, qu'elle l'a depuis traité à discrétion, sans qu'il ait jamais osé s'en plaindre.

Madame de C.... était trop belle, et, puisqu'il faut l'avouer, trop coquette pour n'être pas destinée aux grandes aventures.

Il y avait à peine un an que je jouissais tranquillement du titre d'ami de la maison, lorsque je commençai à m'appercevoir que sa vanité n'était pas satisfaite de la possession secrète et tranquille d'un cœur qu'elle croyait ne pouvoir plus lui échapper; elle s'échappa elle-même. Elle était adorée en public; elle fut bien aise de s'en convaincre en particulier; on obtint aisément la permission de la voir : moi je conservai celle d'être admis dans sa société. Je la surpris un jour dans une conférence secrète qui leva tous mes doutes; et comme il n'y a guère de passion qui n'ait son période, je ne m'en fâchai point, et je me contentai, pour la suite, du rôle de confident, à condition que mon emploi ne serait pas sans quelque émolument. Cet arrangement fut plus solide que le premier, et je ne l'entretins pas avec plus de fidélité pour elle, qu'elle n'en avait elle-même pour ses amants.

Je partis cette année d'assez bonne heure, pour aller passer une partie de l'été et l'automne à mon abbaye, où je ne laissai pas de trouver à m'amuser. Il m'arriva au commencement de l'automne, une aventure assez singulière. On m'avait envoyé de Paris, plusieurs lettres de recommandation pour monsieur de Chauvelin, alors intendant de Touraine, et que je devais lui présenter en faveur de mes paroisses, lorqu'il ferait son département. J'appris un jour sur le midi, et vers la fin d'octobre, qu'il devait faire ce travail le lendemain, à dix heures du matin, chez monsieur du Tronchot, fermier général, dans son château de la Ribochère, à plus de sept lieues de chez moi. Je n'eus pas de peine à me résoudre à partir ; mais comme je ne connaissais personnellement ni monsieur de Chauvelin, ni monsieur du Tronchot, je me résolus d'aller souper à moitié chemin, dans la petite ville de Saint-Calais ; et j'en partis la nuit avec un guide, pour me conduire par de très-mauvais chemins, de façon que je pusse arriver à la Ribochère, sur les huit heures. Mes mesures furent fort bien prises, et j'y arrivai en effet à l'heure que j'avais cru la plus convenable. Je trouvai dans les avenues du château, un homme d'assez bonne mine, pour me faire soupçonner qu'il en était le maître. Je le saluai et descendis de cheval. Je lui exposai le sujet qui me faisait prendre la liberté de venir chez lui, trouver l'intendant de la province, et j'autorisai cette liberté du voisinage de mon abbaye, et même de la connaissance que j'avais que mon père était de ses amis. Il est vrai que je ne nommai point mon père, et que monsieur du Tronchot, très-vif et peut-être un peu étourdi en ce moment, prit le change et me crut tout autre que je n'étais. Il ne laissa pas de me faire l'accueil le plus gracieux; il m'apprit que l'intendant devait en effet venir dîner chez lui, mais qu'il ne travaillerait que le lendemain à son département, chez monsieur le marquis de la Chartre, où il devait aller coucher ce soir même. Monsieur du Tronchot me pria à dîner avec monsieur de Chauvelin, et me demanda en grâce de ne lui parler d'aucune affaire, m'engageant à coucher chez lui, et me promettant de me mener lui-même, le lendemain, à la Chartre, et d'y appuyer mes demandes. J'acceptai ses offres; j'envoyai mon valet, grand ivrogne de son métier, mettre mes chevaux à l'écurie, et lui dis que je coucherais à la Ribochère. Dès ce moment il ne fut plus question de décliner mon nom. Monsieur du Tronchot me montra sa maison, ses beaux jardins, et me présenta ensuite aux dames qu'il avait déjà prévenues de mon arrivée, sous le nom qu'il avait imaginé de me donner. Je fus très-accueilli des dames, parmi lesquelles étaient mesdames les marquises de Chantilly, mère et fille; celle-ci était Laval-Montmorency, et avait épousé le jeune marquis de Chantilly. L'intendant arriva; je lui fus présenté apparemment sous le même nom. Il fut splendidement régalé; monsieur le marquis et madame la marquise de la Chartre vinrent dîner avec lui, et devaient l'emmener le soir coucher à la Chartre. Le dîner fini, on fit des parties de jeu, et je fus destiné à faire celle de mesdames du Tronchot et de la Chartre. Je perdis assez d'argent, et assez noblement. Madame de la Chartre demanda à madame du Tronchot, en particulier, quel était le jeune homme avec qui elle avait joué; elle lui dit que j'étais l'abbé Clément (Il est bon que vous sachiez que l'abbé Clément, fils de l'accoucheur, avait alors l'abbaye de Saint-Calais, aussi bien et plus que moi dans le voisinage de la Ribochère). Mais madame de la Chartre connaissait particulièrement l'abbé Clément, et ne me reconnut point pour lui, en sorte qu'elle assura bien madame du Tronchot, que si je m'étais donné pour tel, je pourrais bien être un petit imposteur, et même un fripon, quoiqu'elle avouât que je n'en avais ni la mine, ni le jeu. Monsieur et madame de la Chartre partirent avec l'intendant, et dès ce moment, comme toute la maison était en l'air, on commença à m'observer de près sans me rien dire. Madame du Tronchot eut en secret une explication avec son mari, qui comme je le sus depuis, soutint *mordicus* que je m'étais annoncé moi-même pour l'abbé Clément. Les soupçons augmentèrent ; on chercha mon domestique pour l'interroger, mais ce fut en vain ; il s'en était donné d'une façon à dîner, et était allé s'achever dans quelque coin du cabaret, où l'on ne put le déterrer. Cette absence qu'on trouva avec raison affectée, acheva de me rendre absolument suspect ; mais on ne m'en disait rien, on se contentait de me garder à vue, et je ne pouvais faire un pas sans que quelqu'un de la compagnie me suivît au moins de l'œil. Je m'apperçus bien qu'on n'était plus ni si libre, ni si gai qu'on l'avait été. Mais il me vint si peu dans l'esprit que j'eusse part à ce changement, que je m'efforçais d'égayer la conversation. Toutes mes saillies étaient à pure perte, et l'on me trouvait, sans doute, plus effronté qu'amusant. Enfin arriva l'heure de se retirer, qu'on avait différée tant qu'on l'avait pu. On ne prenait qu'en tremblant la résolution de s'aller coucher, et lorsqu'il fut question pour moi de me rendre à la chambre qu'on m'avait destinée, j'appelai mon domestique. Un de la maison qui m'éclairait, me dit assez brusquement: *Vraiment, monsieur, on l'a cherché toute l'après-dînée sans pouvoir le trouver.* Je me contentai de répondre, *c'est un ivrogne que je chasserai*, et je gagnai ma chambre, où je ne fus pas plutôt entré, que le domestique qui m'avait conduit m'y enferma à double tour. J'en fus étonné, mais mon étonnement augmenta lorsque dans une maison si opulente, je me trouvai éclairé par deux bougies à la vérité, mais dans de fort vilains chandeliers de cuivre. Je vis ensuite qu'il y avait encore une autre porte dans cette chambre, je la trouvai pareillement fermée à double tour. Cette précaution me fit imaginer qu'on avait peut-être envie de me faire quelque pièce pendant la nuit: je pris de mon côté la précaution de fermer les verrous des deux portes, et je me déshabillai tranquillement en chantant, comme c'était ma coutume quand je me trouvais seul.

J'étais prêt à me mettre au lit, et je n'avais plus exactement que mes culottes, ma chemise et mes pantoufles, lorsque j'entendis qu'on voulait ouvrir brusquement cette seconde porte de ma chambre, que j'avais fermée de mon côté. Je demandai ce qu'on me voulait, et j'entendis des voix de femmes répondre tumultueusement qu'on voulait que j'ouvrîsse. J'exposai que j'étais presque nud : on insista pour que j'ouvrîsse, dans quelqu'état que je fusse, et j'obéis. La vieille marquise de Chantilly entra la première ; elle était escortée de sa belle-fille, de madame du Tronchot, et de leurs femmes-de-chambre. La bonne marquise me prit au collet de ma chemise, en me disant : oh ça, monsieur, il faut que vous nous disiez qui vous êtes ; j'ai beau prendre votre défense, on veut que vous soyiez un fripon : on ne veut point se coucher sans savoir votre nom. Cette entrée et ce discours ne laissèrent pas de m'embarrasser. Mais, madame, lui dis-je, j'ai cru être connu ici. Non, me répondit-elle, vous vous êtes donné pour l'abbé Clément, et vous ne l'êtes pas. Non sûrement, madame, lui dis-je, et je ne veux point l'être; je suis l'abbé A....... Comment, me dit la marquise, fils du président?... Oui, madame.... Eh! mon dieu, c'est mon meilleur ami, dit-elle; et en disant cela, elle m'embrassa mille fois, et voulut que les autres dames m'embrassassent aussi. Ce fut des rires qui ne finirent plus: on n'avait pas voulu que M. du Tronchot montât, parce qu'il était trop vif, mais on voulut se donner la comédie. Ces dames me conduisirent à lui comme un criminel; nous le trouvâmes qui se promenait en long et en large, dans une salle, et qui ne parlait que de faire pendre le voleur. Sa confusion fut grande; il reconnut son étourderie, me caressa beaucoup, et m'obligea de passer quelques jours dans son beau château. A notre retour de la Chartre, où il m'aida lui-même à faire mes affaires, après avoir passé fort agréablement huit jours à la Ribochère, comme je me trouvais dans le voisinage de M. le marquis de Beaumont, qui avait épousé une de mes cousines, je ne voulus point manquer cette occasion d'aller la voir. J'ai oublié de vous dire que l'année précédente, ce cousin de ma mère, que nous avions trouvé et reconnu en 1708, mon frère et moi, dans notre voyage au Maine, ce parent, dis-je, nous avait conduits lui-même chez madame la marquise de Beaumont, qui était sa fille, qui vivait dans la terre de Beaumont-la-Ronce, à quatre lieues de Tours. Cette dame était jeune, aimable et pleine d'esprit. Le marquis de Beaumont, son mari, avait plus de vingt ans plus qu'elle, et après avoir vécu à la Cour, s'était retiré dans ses terres, où il vivait et vit encore fort noblement. Il était alors extrêmement jaloux de sa femme; j'allai donc de la Ribochère à Beaumont-la-Ronce, où je trouvai le marquis, ma cousine sa femme, et le jeune comte de Cler.. mon cousin, et frère de la marquise. Quoiqu'il ne se passât rien entre ma cousine et moi, le marquis, son mari, ne laissa pas de se mettre martel en

tête sur mon compte : mais c'était à l'année suivante qu'était réservé l'éclat de cette malheureuse phrénésie, comme je vous le dirai dans la suite. Après quelques jours d'une vie assez gênée par la circonspection que nous étions obligés d'avoir, la marquise et moi, je retournai à mon abbaye, et de là peu après à Paris. Je revis avec plaisir mes anciennes connaissances, et repris mon poste chez madame de C....., suivant les arrangements pris avant mon départ; mais je continuai à voir plus que jamais ma petite
1712. parente mademoiselle de V...., et je l'aimai plus que je n'avais fait ; elle m'accorda le plus tendre retour. Mon frère l'avait aussi cultivée, et mes parents qui pensaient dès lors à le marier, crurent qu'il était temps d'en faire la demande...... Madame de V.... reçut la proposition de mon père avec joie, et répondit de la façon la plus obligeante. Mon père n'avait pas cru devoir s'expliquer sur celui de ses enfants pour lequel il recherchait son alliance, imaginant que son aîné, qui était moi, pos-

sédant une abbaye, il ne pouvait être question que de son second fils. Madame de V.... dit donc à mon père qu'elle acceptait avec plaisir l'honneur de son alliance, mais en même temps elle lui déclara qu'elle ne voulait en rien gêner la volonté de sa fille; qu'elle la consulterait, et qu'elle rendrait incessamment une réponse positive...... Cette réponse fut apportée à mon père deux jours après par un ami commun, qui lui dit que s'il était question de moi, ce serait une affaire bientôt conclue; mais que s'il était question de mon frère, mademoiselle de V..... avait déclaré à sa mère qu'elle avait pour lui un éloignement qu'elle ne pouvait vaincre. Mademoiselle de V....... eut soin de me faire instruire de cette réponse. Je priai, je pressai, mais inutilement; j'offris de remettre à mon frère les bénéfices que je possédais, et ce fut avec aussi peu de succès. Mademoiselle de V..... fut mariée quelque temps après à un magistrat qui avait des terres en Touraine, et même une habitation à Tours, dont il était originaire. Il y mena sa jeune femme peu de jours après son mariage, et dès le carême qui le suivit de près, je partis désespéré pour mon abbaye. Mon intention était bien de faire un voyage à Tours pour y revoir mademoiselle de V.... devenue madame de B..... Je partis de mon abbaye environ trois semaines avant Pâques, et me rendis tout droit à Tours ; j'y passai près de quinze jours sans pouvoir parvenir à voir ou à rencontrer cette chère parente; j'eus recours à tout le monde, et à tout les stratagêmes possibles, rien ne me réussit ; elle était si bien gardée à vue par un mari jaloux comme un florentin, que les frères et autres parents qu'il avait à Tours ne pouvaient même approcher de sa maison. Pour me consoler de cet échec, je pris ma route pour mon retour par Beaumont-la-Ronce, où je trouvai encore le jeune comte de Cler.... mon cousin, chez la marquise sa sœur. C'était au commencement de la semaine sainte; je venais d'être la dupe d'un jaloux, que je n'avais rien moins qu'envie de ménager; je me trouvais chez un autre entiché de la même espèce de folie, mais pour lequel je me faisais une loi d'avoir des égards; toutes mes attentions furent inutiles. J'étais resté le mercredi saint dans ma chambre à écrire quelques lettres; la marquise m'envoya dire qu'elle prenait du café, et me fit inviter à descendre en prendre avec elle. Je la fis prier de m'en envoyer dans ma chambre, et sur-le-champ elle en prit une tasse pour la donner à mon valet-de-chambre; mais son mari qui la vit se lever avec cette tasse à la main, se persuada qu'elle voulait me l'apporter elle-même. Il devint furieux, cassa la tasse, maltraita sa femme indignement, et se sauva dans un bois voisin de la maison. La marquise de son côté s'enfonça avec douleur dans le parc; son frère était à la chasse, et ne fut pas plus témoin que moi de cette scène, dont personne ne m'instruisit jusqu'au moment que je descendis pour dîner. Je fus très-étonné de ne trouver personne dans la maison, et tous les domestiques égarés et embarrassés à me répondre. Enfin, mon valet-de-chambre me mit au fait; j'ordonnai qu'on sellât mes chevaux et j'allai sur-le-champ chercher ma cousine dans le parc pour lui dire adieu; mais du plus loin qu'elle me vit, elle me pria avec tant d'instance, et m'ordonna même si absolument de la fuir, que je n'osai l'aborder de plus près. J'étais outré de fureur contre le marquis; je sortis du château à pied, et ordonnai qu'on vînt me rejoindre sur le chemin avec mes chevaux, dès que mon porte-manteau serait fait. Ce chemin me conduisit dans le bois où était monsieur de Beaumont; il m'apperçut et vint à moi avec la même gaîté et la même franchise, que s'il ne se fût rien passé à mon égard. Je le reçus avec indignation et lui dis les choses les plus dures sur la conduite qu'il avait eue avec sa femme; il avoua tous ses torts. Je lui dis que je ne remettrais jamais les pieds chez lui; il tomba à mes genoux, et avec plus de bon sens que je n'en avais alors moi-même, il me fit sentir que j'allais perdre d'honneur et ma cousine et lui : que si je partais après un pareil esclandre, tout le monde serait persuadé qu'il n'avait pas eu tout le tort dont il s'accusait. Je sentis la conséquence de ce raisonnement; je revins avec lui et le menai à sa femme : il lui fit les excuses les plus soumises, lui demanda pardon les larmes aux yeux, et la paix fut rétablie dans la maison avant que le comte de Cler... revînt de la chasse. Nous vécûmes très-bien tout le jour et le lendemain; mais le vendredi, tandis que nous entendions l'office dans l'église paroissiale, le marquis me laissa avec sa femme et son beau-frère dans sa chapelle; et s'étant assez éloigné de nous pour causer avec des dames du voisinage, comme on chantait à l'église ces paroles : *Domine, libera me a cornibus unicornium*, il eut l'extravagance de m'apostropher de loin, en criant de toutes ses forces : *Domine, libera me a cornibus.* Le curé et ses assistants ne purent se tenir de rire de cette belle saillie, dont nous rîmes aussi d'abord. Il est vrai que je lui en fis ensuite une verte réprimande; mais enfin, le soir même, il mit le comble à ses extravagances. Il était arrivé chez lui un gentilhomme de son voisinage, et nous étions près du feu, le marquis à un coin de la cheminée et sa femme à l'autre. Il avait absolument voulu que je fusse assis près d'elle; le nouveau venu était à côté de lui, le jeune comte de Cler.... au milieu. La conversation était générale et peu intéressante; mais par malheur la marquise se pencha de mon côté pour me dire un mot à l'oreille. A l'instant le marquis se lève de sa place, vient droit à sa femme, et fait mine de vouloir lui lever jupe et chemise par-dessus la tête, en disant : *Parbleu! faites-le donc en ma présence, pour que je n'en doute plus.* J'étais assis près de sa femme; ainsi, en levant mon pied tandis qu'il se baissait pour achever cette belle extravagance, mon pied se trouva vis-à-vis de sa poitrine, et j'étendis la jambe assez rudement pour le jeter les quatre fers en l'air. Tout cela se fit machinalement; mais, ayant vu son beau-frère se lever en fureur pour aller chercher son épée, qu'il lui eût peut-être passée au travers du corps, je courus à lui et l'enlevai dans mes bras jusque dans la cour du château. J'appelai ses gens et les miens; nos chevaux furent sellés dans un instant, et, notre bagage prêt, nous partîmes à dix heures du soir, et nous éloignâmes de ce séjour de la folie, moi, pour n'y remettre jamais les pieds, et le jeune comte, promettant bien à Dieu d'en faire autant. Nous reprîmes le chemin de mon abbaye, où nous n'arrivâmes que le lendemain. Le comte de Cler... me quitta quelques jours après, et je terminerai cette lettre en même temps que mon séjour au Maine, pendant lequel je cultivai mes connaissances aux environs de chez moi et au Mans jusqu'à mon départ, pour revenir auprès de celles que j'avais laissées à Paris, où je me rendis selon ma coutume à la fin de l'année.

Je suis etc.

QUATRIÈME LETTRE.

1713. A PEINE je fus de retour à Paris, monsieur, que mon père commença à me presser plus que jamais, d'embrasser tout à fait l'état ecclésiastique, pour lequel j'avais toujours la même répugnance. Il est vrai que, depuis le mariage de mademoiselle de V..., je n'avais eu aucune idée de me marier moi-même; mais j'avais encore moins de goût pour toute autre sorte d'engagement. Mon père, pour me tenter, me proposa de me donner une charge de conseiller clerc au parlement de Paris; mais dès que j'eus appris de lui qu'il fallait être soudiacre, je ne voulus plus en entendre parler. Je me souviens qu'à ce propos mon père, pour vaincre ma résistance, me dit un jour que le soudiaconat ne m'engagerait à rien, qu'il était très-facile de s'en relever, et que je lui répondis : *Tout cela peut être, mais vous m'avouerez que c'est revenir de loin.* Enfin, mon père voyant que rien ne pouvait me déterminer, employa d'abord toute son éloquence pour me prouver que ma complexion était trop délicate pour soutenir les exercices du mariage. Je lui répondis naïvement que je croyais qu'il se trompait, et qu'il y aurait long-temps que je serais mort étique, si cet exercice m'eût été mortel. Il ne put s'empêcher de rire de ma franchise, et le dernier point de son discours, ainsi que le dernier effort de son éloquence, fut de me proposer un nouveau, mais très-singulier motif pour m'engager dans les ordres. Il me fit entendre que, puisque j'avais tant de penchant pour le beau sexe, la liberté que j'avais de me marier devait être souvent un obstacle à mes bonnes fortunes; que les filles, si retenues avec ceux dont elles espèrent faire des époux, étaient souvent sans défense pour ceux dont l'état s'opposait à cette espérance, et qu'en un mot je n'aurais pas plutôt pris l'engagement qu'il desirait, que je verrais les plus cruelles prévenir même mes desirs. Je regardai en ce moment mon père comme un missionnaire très-raisonnable, et d'accommodement. Mais je continuai d'être sincère. Je lui avouai que la liberté dont je faisais tant de cas, ne m'avait point encore été assez funeste, pour me résoudre sous ce prétexte à en faire le sacrifice. J'avais pourtant bien alors à me faire l'application des grandes vérités que mon père venait de me révéler inutilement pour ses vues; car je persistai dans mon endurcissement pour la liberté, dans le temps même que je venais de la perdre pour une jeune personne, dont j'avais fait la connaissance chez mon ancienne maîtresse, mademoiselle de C.... Cette jeune personne était d'une extrême beauté, d'une taille de nymphe, d'un esprit doux, d'un caractère simple; ses yeux étaient les plus beaux, et les plus tendres qu'on pût avoir, et ils étaient l'image de son cœur. Elle possédait tous les talents agréables; elle était à la vérité plus sage, plus vertueuse, plus retenue que je n'eusse souhaité; mais je ne l'en aimais pas moins, et de son côté elle n'employait aucun art pour m'empêcher de voir qu'elle m'aimait autant que je l'aimais. C'était à la vérité la seule douceur dont il m'était permis de jouir, et j'en étais content. Lorsque cette charmante personne me faisait entendre qu'elle ne concevait point d'autre bonheur que celui d'être à moi pour toujours, et qu'elle n'envisageait d'autre malheur que celui d'en être séparée, il fallait bien que mon amour propre me tînt alors lieu des plaisirs que je n'osais même prétendre, puisque cette situation me paraissait la plus heureuse que j'eusse éprouvée de ma vie. Cette inclination naissante fut alors l'obstacle le plus puissant qui se trouvât dans mon cœur aux volontés de ma famille, et le secours le plus efficace que pût avoir mon éloignement naturel pour l'état qu'on voulait me faire embrasser; car j'étais d'ailleurs faible, et je craignais, sur toute chose, de déplaire à mes parents, et de leur donner sujet de se plaindre de moi par quelque éclat; c'est ce que ma complaisance pour eux vous prouvera bientôt. Mais enfin cet obstacle à leurs desseins servit dans la suite à les faire réussir.

Perdons pour quelque temps de vue mademoiselle de C....., et revenons aux moyens que mon père ne cessait de chercher et d'employer pour me conduire à ses fins. Son éloquence ayant échoué, il employa celle de mes amis les plus particuliers. J'en avais deux de cette espèce; l'un était un jésuite, homme de beaucoup d'esprit, d'un caractère aimable, et qui ne sentait en rien le monachisme, mais dont les mœurs paraissaient douces, simples et réglées. L'autre était l'abbé de B...., homme d'un esprit fin, délicat, cultivé, rempli de connaissances, plein de goût, et il était, comme on le dit, pétri de sentiments. Il avait été élevé à la cour d'un prince qui avait bien partagé avec lui les avantages de leur commune éducation, mais dont il partagea dans la suite lui-même les sentiments et les goûts, c'est-à-dire qu'il était peu dévot, et qu'il aimait beaucoup le plaisir. Tels étaient les deux missionnaires que mon père chargea de ma conversion.

Le premier, après avoir ébauché sa mission près de moi, fut obligé d'aller en Normandie en commencer une, dont il devait se promettre plus de succès, dans une petite ville près de Rouen. On s'imagina que j'en pourrais profiter moi-même. Je fis le voyage, et les faveurs secrettes que voulut bien m'accorder la nièce d'un bon curé, chez qui je logeai, furent le seul profit que j'en rapportai.

L'abbé de B.... s'y prit avec moi d'une façon toute différente. Il se mit en tête de me persuader que le plus grand des maux était le cocuage; que c'était pour s'en garantir, qu'il avait pris le parti qu'il me conseillait de prendre, et qu'il s'en trouvait bien; que c'était un moyen de réussir à faire à autrui ce qu'on ne pourrait plus me faire à moi-même. Ce nouvel argument ne fut pas plus puissant que les autres. Mais enfin, l'abbé pour qui j'avais une amitié tendre et sincère, qui par conséquent avait toute ma confiance, me mena du moins au point de me faire promettre que je ferais toutes les simagrées que mes parents exigeraient de moi, pourvu que je n'allâsse point jusqu'à l'engagement qu'ils desiraient. Je n'eus pas plutôt fait cette promesse, que mes parents en étant instruits, prirent secrétement des mesures avec monsieur Ducreux, nouvellement évêque du Mans. Ce prélat m'engagea d'aller passer quelque temps avec lui au Mans. J'y consentis après avoir pris congé de mademoiselle de C.... Je partis au commencement de l'automne, pour mon abbaye, d'où je me rendis chez l'évêque, à la belle maison de campagne qu'il avait entre mon abbaye et le Mans. La réception que me fit ce prélat, le caractère aimable que je lui connus, la droiture de son cœur, la candeur de ses mœurs, une vertu qui, sans être trop indulgente, ne s'effarouchait point de tout ce qui peut contribuer aux agréments et même aux plaisirs de la société, m'attachèrent très-sincèrement à l'évêque du Mans, et me disposèrent à chercher de ma part à lui complaire en tout. Il me demanda avec franchise, si en effet j'avais beaucoup de goût pour l'état ecclésiastique, et si j'avais bien pris le parti de m'y engager tout à fait... Je lui répondis, avec la même bonne foi, que rien n'était plus éloigné de ma pensée; qu'à la vérité je ne voulais déplaire en rien à mes parents; mais que mon dessein n'avait jamais été de pousser mes complaisances jusqu'à l'entier sacrifice de ma liberté.... J'eus tout lieu d'être content de la confiance que j'avais prise en lui.

S'il est ainsi, me dit-il, ne craignez point, mon cher abbé, que j'aide à vous contraindre, et fiez-vous à moi. Monsieur votre père, à qui j'ai de véritables obligations, m'a engagé à vous garder auprès de moi, à vous y conférer les ordres sacrés, et ensuite à vous choisir pour mon grand vicaire; je lui ai tout promis, mais bien entendu que vous y consentiriez vous-même. Ainsi ne soyez effrayé de rien, je ne puis vous ordonner sans un dimissoire du cardinal de Noailles, votre évêque de naissance; monsieur votre père s'est chargé de le demander. Quand je le demanderais moi-même, le cardinal ne vous l'accordera jamais ; et je vous donne ma parole que, quand même il l'accorderait, je ne me prêterais point à la violence qu'on voudrait vous faire. Ayez donc une entière sécurité; et, pour ne point heurter de front les desseins de vos parents, consentez à entrer, pour quelques semaines, dans mon séminaire; vous y occuperez mon appartement, et y serez reçu et traité avec distinction; vous passerez les jours entiers chez moi, et je ferai en sorte que vous y soyiez amusé. Cette démarche ne tirera à aucune conséquence, je vous en donne encore une fois ma parole d'honneur.

Je remerciai mon cher prélat; je le regardai dès lors comme mon père, et même comme mon ami. Je suivis ses conseils ; j'allai loger au Mans dans son séminaire, où je ne demeurai qu'environ trois mois, pendant lesquels j'étais de tous les petits voyages de campagne du Prélat, et j'en faisais même d'assez fréquents à mon abbaye, qui n'était qu'à neuf lieues du Mans. Ainsi cette espèce de retraite ne fut pas fort austère, et le séminaire n'était presque pour moi que ma maison de ville. Outre cette distraction que je me procurai à moi-même dans ma solitude, il se trouva des personnes charitables qui voulurent bien se charger de l'égayer. J'avais déjà des connaissances aimables dans la ville ; j'en fis bientôt de nouvelles, et vous allez voir que je n'avais pas trop le temps de m'ennuyer.

L'évêque avait amené avec lui de Paris, un jeune homme qu'il protégeait, et qui avait une des premières places dans sa maison et dans sa confiance. J'étais déjà assez lié avec lui, mais nous ne nous connaissions point encore, jusqu'à un certain point. Ce jeune homme qui se nommait monsieur L. B.... m'avait toujours paru fort retenu. Un jour que le Prélat était sorti de la ville, et que j'y étais resté, monsieur L. B.... m'écrivit un petit billet que je trouvai fort singulier: le voici tel que je m'en souviens, et c'est presque tel qu'il était :

« Je ne sais, Monsieur, si c'est vous » faire plaisir que de troubler votre re- » traite; mais, comme en l'absence de mon- » seigneur je dois faire les honneurs de » sa maison, je vous invite à y venir de » bonne heure cet après-dîner ; vous y » trouverez de la musique, je sais que vous » l'aimez ; après cela, une petite collation » dans un jardin où nous trouverons » chacun une nymphe pour nous servir, » si mieux n'aimez que nous les servions » nous mêmes ».

Vous vous doutez bien de l'étonnement que me causa ce billet ; mais, tout considéré, je lui répondis que je serais ponctuel au rendez-vous ; que je me mêlerais volontiers au concert qu'il offrait de me faire entendre; que je le dispensais de tout le reste, et que je n'avais besoin que d'être certain de le trouver, pour être sûr de passer un après-dîner très-agréable.

Je fus exact comme je l'avais promis; je rencontrai monsieur L. B. .. seul chez lui. Il me dit : « Avouez que j'avais besoin de » vous donner d'agréables espérances pour » vous engager à me faire l'honneur que » vous me faites ». Je lui protestai que je ne m'étais flatté de rien autre chose que du plaisir de le voir, et de faire un peu de musique avec lui. « Cela posé, dit-il, il faut » que nous passions dans un lieu qui y soit » plus propre, où nous trouverons des » instrumens à notre usage », et tout de suite il me mena dans un cabinet où je trouvai un pupitre, des violes et violons. Mais ce qui m'étonna fort, ce trophée de musique était gardé par deux jeunes personnes, dont l'une était une blonde extrêmement belle, et l'autre une brune très-bien faite et très-piquante. Je vous avoue que je fus étonné et déconcerté autant qu'on le peut être; je ne le fus pas moins quand monsieur L. B. . . sautant au cou de la blonde, me dit : « Il faut mettre d'abord nos » instrumens d'accord ». Je n'hésitai pas cependant à me mettre aussi d'accord avec la brune, qui reçut ma civilité de fort bonne grâce. Je crus ne devoir point faire de jalouse, j'allai de la brune à la blonde, comptant que mon camarade irait de la blonde à la brune; mais il se contenta de me dire qu'il ne me croyait pas si habile, ni que je fusse en état de jouer de tous les instrumens. Il ne dit mot à ma brune; et moi je me tins pour dit que c'était à elle qu'il fallait m'en tenir. Nous fîmes de la musique; ma nymphe brune avait une très-jolie voix et savait bien la musique : je lui accompagnai deux cantates, et nous nous rendîmes ensuite séparément, et par des routes différentes, de peur de scandale, au jardin hors la ville, où nous attendait une fort jolie collation, et où les petites libertés de monsieur L. B... avec la belle blonde, m'autorisèrent de mon côté à en prendre quelques-unes avec ma brune. Elle m'apprit qu'elle était sœur de monsieur L. B... et que sa compagne était la maîtresse de son frère. Je le trouvai si bon parent, que je recherchai et obtins son alliance au bout de quelques jours de soins. Ma chère brune était pensionnaire dans un couvent, j'allais l'y voir tous les jours, et elle en sortait aussi souvent qu'elle le voulait. Elle me donna à son tour bientôt des rendez-vous chez une dame de ses amies. Dans le premier, je fis sa connaissance, et dès le second elle devint notre confidente. Cette dame avait au plus 30 ans; elle était belle, enjouée, du meilleur et du plus obligeant caractère du monde; elle avait la meilleure pâte de mari qu'une femme puisse desirer. Il tenait une bonne maison, et ne s'embarrassait jamais de ce qui s'y passait. Uniquement occupé de ses affaires, on ne le voyait qu'à table, et il en faisait très-bien les honneurs. Ma brune, qui avait un cœur de reine, crut que notre commune reconnaissance exigeait de moi de donner à son amie quelque chose de plus que le titre de confidente dans le commerce que nous avions ensemble, en sorte qu'insensiblement elle parvint à avoir ses jours. Celle-ci crut devoir être reconnaissante à son tour; et par une générosité que je n'ai trouvée que dans la ville du Mans et que j'étais obligé de partager, je fus conduit de reconnaissance en reconnaissance à acquitter plusieurs dettes de cette nature. Il faut que je vous en fasse un conte assez plaisant, et qui me fit beaucoup d'honneur dans la province. Une jeune personne, nièce d'un chanoine à qui j'avais payé la dette d'une de ses amies, en avait deux chez elle; elle m'invita à venir les voir et à passer l'après-dîner avec elles : elles étaient toutes trois seules dans la maison. Je n'étais prévenu de rien : je m'y rendis à l'heure marquée. Après les premiers compliments, qui sont, en province, d'embrasser les dames, la maîtresse du logis prit un prétexte pour sortir de la chambre, et emmena avec elle une de ses compagnes, me laissant seul avec la troisième, qui n'était point mal, quoiqu'elle fût la moins jolie. J'y demeurai dans le respect, et fort impatient de l'absence des deux autres. Elles revinrent; je m'apperçus d'un signe que la maîtresse de la maison fit à celle qui était demeurée avec moi; je crus que c'était un mouvement de jalousie. La pauvre enfant en rougit; mais l'autre s'approchant de moi, me dit à l'oreille: « Je vous aurais cru plus galant ». C'était m'en dire assez. Une nouvelle sortie pareille à la première, me rendit moins respectueux, et l'on n'eut rien à me reprocher quand on rentra dans la chambre. Peu d'instants après, nouvelle sortie; mais on changea de compagne, et j'entendis ce que l'on souhaitait de moi. J'obéis de bonne grâce, et j'en fus remercié au retour de la compagnie. Mais à mon tour j'exigeai que les deux étrangères feraient une petite promenade: elles ne s'en firent point prier; la maîtresse de la maison resta seule avec moi. Je lui fis des reproches, elle s'en moqua, et je n'eus pas passé un quart d'heure avec elle, qu'elle m'assura que jamais je ne lui avais donné de preuve plus chère de la tendresse que je lui avais jurée si souvent, et dont elle ne douterait jamais après une épreuve pareille. Vous me connaissez, monsieur, ainsi vous savez si je cherche à m'en faire accroire lorsque je vous avoue que je devins fort à la mode dans cette même ville, qui avait été dans l'autre siècle le lieu de la scène du Roman Comique. J'ai eu dans ma vie plus d'une occasion de remarquer que, dans presque toutes les provinces, on n'a pas besoin d'autre mérite, pour y être fêté, que d'arriver de Paris, et j'avais ce mérite là; mais une petite aventure, qui ne tourna pas à mon honneur, pensa me le faire perdre.

L'aimable dame que mademoiselle L. B.... et moi avions admise dans notre confidence et dans le partage de nos plaisirs, généreuse, comme vous venez de le voir, me dit un jour qu'il y avait une jeune dame de ses amies, qui née à Paris, et depuis peu mariée au Mans, desirait extrêmement de me connaître, et qu'elle lui avait promis de me donner à dîner avec elle. Le jour fut pris; mais par malheur, la veille de cette assignation j'allai à l'abbaye de P.... pour y voir deux belles-sœurs de ma cousine la marquise de B.... Ces dames étaient encore au réfectoire, et lorsque j'entrai dans le parloir commun pour les y attendre, j'y trouvai seule cette même dame avec laquelle je devais dîner le lendemain. Vous devinez bien que l'espérance d'un tête-à-tête plus commode me rendit fort galant auprès de cette jeune dame. Pour elle, toute gaie, toute vive qu'on me l'avait annoncée, elle ne me parut qu'inquiète, et même embarrassée de sa contenance. Elle me faisait des questions sans attendre ma réponse, et répondait aux miennes d'un air si distrait que notre conversation n'avait plus le sens commun : elle finit par l'arrivée des dames que nous attendions, et nous nous séparâmes. Le lendemain je me trouvai au rendez-vous : la dame y était arrivée la première; la maîtresse de la maison vint au devant, et me dit en deux mots : « *Mon » amie vous a vu hier, elle n'est point » contente de vous; tâchez de réparer » tout cela, je vous en donnerai le » temps* ». Je ne concevais pas trop ce que cela voulait dire; mais bientôt on me laissa seul avec cette amie. Je voulus l'embrasser encore; car, je l'avais embrassée en entrant: elle résista avec assez de dignité à ce transport, qui n'était plus, me dit-elle, une civilité, mais une entreprise; je tombai à ses genoux, et sans m'arrêter à l'air de sévérité que je prenais, moi, pour une affectation ménagée avec art, je crus qu'il fallait vaincre une feinte résistance par quelque entreprise décisive; mais je reçus un bon soufflet, et cette fière beauté me dit avec un sangfroid admirable : « *Épargnez-» vous, monsieur, de vains efforts; vous « avez manqué l'heure du berger : soyez » bien assuré que vous ne la retrouverez » plus* ». Elle me tint parole, et j'eus beau m'excuser sur le danger d'être surpris dans un parloir ouvert à tout le monde, et dans lequel les religieuses pourraient entrer à tout moment, je fus condamné à la respecter éternellement, pour ne lui avoir pas manqué de respect à notre première entrevue.

1714. Lorsque cette petite disgrâce m'arriva,

il y avait déjà quelque temps que j'étais sorti du Séminaire. J'avais pris un appartement dans la ville et une petite maison de campagne, qui touchait presque à un de ses faubourgs. J'eus alors beaucoup plus de liberté de me répandre dans le monde, parce que j'avais celle de disposer de mes soirées et de mes nuits, sans manquer pour cela à faire ma cour au prélat. Cette année fut aussi pour moi très-fertile en événements et en petites aventures passagères*, qui toutes avaient leurs agréments particuliers. Je ne m'arrêterai plus qu'à ce qu'elles eurent de singulier ou d'important pour la suite. Parmi les habitudes que je me fis au Mans, je m'attachai surtout à la maison de madame de B..., qui était, sans contredit, la meilleure et la plus aimable pour la société, qu'il y eût dans toute la province, par les grâces de cette dame, et la façon dont elle faisait les honneurs de ses maisons de ville et de campagne. Elles étaient toujours remplies par une compagnie d'élite, et égayées par des fêtes continuelles, excellents concerts, comédies de société, dans lesquelles je fus agrégé; en un mot, amusements de toute espèce pour l'esprit, pour le cœur, et même pour la raison. Quoique je fusse absolument livré à cette douce et charmante société, j'avais encore assez de moments à donner à mademoiselle L. B... et à son amie, pour leur en dérober à elles-mêmes quelques-uns que je trouvais le secret d'employer agréablement. Ce fut à peu près dans ce temps que la belle blonde que j'avais vue pour la première fois avec mademoiselle L. B... au rendez-vous que son frère m'avait donné à l'évêché, ce fut, dis-je, dans ce temps que cette belle personne fut obligée de quitter le Mans pour retourner dans sa famille, qui demeurait à Noy... petite ville qui n'en était qu'à cinq lieues ou environ. Cette aimable fille qui avait jusqu'alors vécu avec moi comme mon amie, mais avec beaucoup de réserve, me demanda un secret entretien. Je me rendis dans la maison où elle logeait. Après nous être salués à la mode du pays, c'est-à-dire, embrassés, civilité dans laquelle je m'apperçus qu'elle mettait plus de tendresse que de coutume, et qu'elle arrosa de ses larmes, je lui demandai d'un air fort attendri moi-même en quoi je pouvais espérer qu'elle voulût se servir de moi. Elle me dit des choses qu'il ne m'est point permis de répéter, sur ce qui s'était passé dans son ame, depuis notre première connaissance, en me faisant jurer que je n'en abuserais point. Elle obtint de moi ce que j'aurais été sans doute bien aise de lui refuser; et dès qu'elle se crut certaine de la bonne foi de mon serment, elle m'ouvrit son ame, me conta tous ses malheurs. Elle était l'aînée de neuf enfants, fille d'un pauvre gentilhomme qui avait laissé sa mère veuve, encore assez jeune, dans une médiocrité de fortune à peine suffisante pour élever dignement une si nombreuse famille. Elle me fit entendre qu'elle ferait tout son bonheur de pouvoir s'expatrier et venir à Paris auprès de quelque dame à laquelle elle se résoudrait même à rendre tous les services qui ne l'aviliraient point à un certain excès. Je fus pénétré de douleur et de compassion; je lui promis de faire en sorte de lui procurer mieux que ce qu'elle desirait, et c'était bien mon dessein de m'y employer de tout mon crédit. Consolée par mes promesses, elle en exigea encore une de moi, ce fut d'aller la voir à Noy..., quand elle y serait retournée. Je le lui promis, et vous verrez dans la suite ce qui m'arriva de la fidélité avec laquelle je lui tins parole. Peu de jours après son départ, monsieur l'Évêque du Mans partit pour commencer la visite de son diocèse, que, depuis près de dix-huit ans, son prédécesseur avait négligé de faire. Il y avait des millions de ses diocésains qui n'avaient point été confirmés, et des désordres anciens dans plusieurs maisons religieuses, auxquels on n'avait pas seulement songé d'apporter remède. L'Évêque voulut que je fusse de ce voyage, que nous fîmes tous à cheval, parce que les chemins du Bas-Maine, par où ce prélat commençait ses visites, étaient impraticables à toutes sortes de voitures. Nous allions logeant ordinairement de presbytère en presbyère, et quelquefois de château en château. Une aventure heureuse nous assura la chère la plus délicate pendant tout notre voyage, dans un pays où tout ce qui peut y contribuer, est abondant, mais souvent mal apprêté. Un jeune homme, élevé dans les cuisines du roi, se trouva sur notre route avant la couchée; il comprit, ou nous lui fîmes comprendre qu'il y avait un coup à faire pour lui en nous devançant, et en offrant ses services à ceux chez qui nous devions séjourner. Il en profita; il est vrai qu'il eût du mal comme un pauvre diable, puisqu'il était obligé de marcher toutes les nuits pour aller nous prévenir dans un nouveau gîte : mais il gagna maintes pistoles, et nous fit faire partout la meilleure chère et la mieux entendue, pendant trente-deux jours que dura cette première course apostolique.

A notre première ou seconde couchée, il nous arriva un petit malheur qui semblait devoir être de mauvais augure pour la suite de notre pélérinage. Il survint un orage si violent et si long, pendant que nous étions à table chez un bon curé, dont la maison était au bout du village et tout à fait isolée, que cette maison fut inondée, de façon que le premier étage se trouva à fleur d'eau, et que l'inondation qui nous environnait avait au moins douze pieds de hauteur, et était d'une rapidité si violente qu'il était à craindre qu'une vieille maison dans laquelle on ne pouvait vous donner aucuns secours, ne fût entraînée par le torrent. Après deux heures entières de cet état critique, l'orage se calma, les eaux s'écoulèrent avec la même promptitude avec laquelle elles s'étaient accumulées, et nous quittâmes un gîte si dangereux, pour nous sauver dans les maisons les plus élevées de ce village, où nous passâmes une assez mauvaise nuit. Ce fut là le seul accident de notre voyage, dont tout le reste fut agréable pour nous, mais très-pénible pour l'Évêque. Il trouva dans plus d'une ville de son diocèse, et ses environs, jusqu'à 20,000 personnes à confirmer, sans les autres affaires à régler, et qui étaient du ressort de sa juridiction contentieuse. Pour moi, je n'étais occupé que de mon plaisir, et malgré mes soins à en chercher les occasions, tout ce long voyage ne m'en procura que deux bien réelles. La première me fut donnée par le hasard. Nous étions chez un curé fort riche, homme d'une belle figure, et très-bien logé; je me promenais seul dans son jardin, au bout duquel il y avait un cabinet assez bien bâti, et tout joignant, un petit bois bien planté et très-couvert. J'apperçus, de ce petit bois où j'étais, une fille grande et bien faite, mise en petite bourgeoise, qui gagnait assez diligemment ce cabinet. J'en pris moi-même le chemin, et j'y arrivai aussitôt qu'elle, et dans le moment qu'elle l'ouvrait pour y entrer. Elle fut un peu confuse d'être surprise; je lui demandai pourquoi elle se retirait seule dans ce cabinet; elle me répondit fort innocemment que monsieur le curé lui avait ordonné de se tenir cachée jusqu'à ce que monseigneur fût parti. Je trouvai, en la considérant de plus près, que monsieur le curé était de fort bon goût. Je fermai la porte sur nous, et je ne trouvai pas grande difficulté à me charger, près de cette ouaille, des fonctions curiales. Je fis bien de ne pas pousser mon zèle trop loin, et je le modérai fort à propos; car j'étais à peine sorti de ce délicieux cabinet, que j'apperçus l'évêque quitte de sa cérémonie et de ses habits pontificaux, qui entrait dans le jardin pour s'y promener avant le dîner. Il s'avança du côté du cabinet, dont la pauvre enfant avait négligé d'ôter la clef, se croyant en sûreté par un vieux verrou qu'elle avait fermé en dedans. L'évêque trouva que ce petit réduit eût été fort agréable pour y servir le dîner; mais le curé lui dit que c'était là que son jardinier serrait ses ustensiles, et que le lieu n'était pas assez propre pour l'y recevoir; que ce jardinier en avait la clef. Mais hélas, par malheur, tout en approchant, la clef se trouva à la porte, et l'évêque qui était assez vigoureux, ne trouva qu'une faible résistance et enfonça le verrou avec la porte. Le spectacle qui s'offrit à lui l'étonna. Une jeune fille très-échauffée, très-honteuse; un lit de sangle et peu d'autres meubles : Oh! oh! dit le prélat, monsieur le curé, sont-ce là les ustensiles de votre jardinier? le curé rougit, gronda la petite personne de l'impertinence qu'elle avait de se trouver-là, et se sauva comme il put, en disant que c'était la gouvernante de son père. Cette petite aventure se tourna en plaisanterie; la fille ne parut plus; nous dinâmes, et nous partîmes pour continuer notre route et nos travaux.

La seconde aventure, dont je vous ai promis le récit, m'arriva dans une petite ville, sur les confins du diocèse du Mans et de la Bretagne, où nous séjournâmes quatre jours. L'évêque y donna la confirmation à un peuple innombrable, comme dans tous les lieux un peu considérables de cette partie de son diocèse que nous avions visités. Il y avait dans cette même ville une petite abbaye de filles, dans laquelle étaient en pension beaucoup de jeunes personnes de condition, du voisinage. On pria l'évêque de vouloir bien se donner la peine de les venir confirmer dans la maison ; il y consentit, et me mena seul avec lui, tout son cortège clérical étant occupé d'affaires plus sérieuses. On nous reçut dans la chapelle ; et comme le prélat était en oraison devant l'autel pour se préparer à la cérémonie, une religieuse, jeune et bienfaite, vint à la grille du chœur, et me pria de faire ensorte que monseigneur voulût bien faire la cérémonie dans l'intérieur de la maison. J'y fis consentir ce prélat, et la chose fut exécutée, à condition que nul étranger, hors lui et moi, n'entrerait dans la maison. Après la cérémonie, l'Abbesse invita l'évêque à voir au moins ses jardins, tandis qu'on nous préparait une collation dans la maison. Je suivis le prélat et les nonnes, cherchant inutilement des yeux celle qui m'avait parlé au chœur, lorsque près d'entrer au jardin, je me sentis arrêté par elle-même. Elle me demanda si je ne serais pas curieux de voir d'abord le dortoir; j'eûs la complaisance de la suivre, et ce fut d'abord dans sa cellule qu'elle me conduisit. Comme je lui donnais la main en montant l'escalier, la sienne me donna plus d'un signal très-propre à me rendre téméraire. Je ne le fus pas cependant; et dès que nous fûmes dans sa chambre, qu'elle eut attention de fermer, soit préjugé louable, soit timidité naturelle, je ne m'occupai que de son extrême propreté, et de quelques fleurs qu'elle avait sur sa fenêtre. Elle s'en impatienta, et m'ayant retiré assez violemment d'une occupation si innocente, elle joua avec moi un rôle que tout autre à ma place eût voulu jouer avec elle, sans en attendre ni l'ordre ni le consentement. Je ne poussai pas plus loin ma curiosité. J'avais vu plus que je n'avais espéré de voir de cette maison; nous retournâmes au parc, nous rejoignîmes le prélat et la communauté ; la collation suivit, nous sortîmes du couvent, et le lendemain nous reprîmes le chemin du Mans, où j'appris en arrivant que monsieur l'abbé de Lionne m'avait nommé à un prieuré assez considérable, dans le diocèse de Beauvais. Je reçus plusieurs lettres de ma religieuse qui me demandait surtout, que par mon crédit j'obtînsse pour elle de l'évêque la permission d'aller prendre les eaux, sur le chemin desquelles elle se promettait de faire trouver mon abbaye. Je finis promptement ce commerce incommode. Je reçus aussi, par un de mes amis, des nouvelles de mademoiselle de Cl...... qui était fort allarmée de mon voyage au Mans, et de l'issue que ma famille s'en promettait. Je la fis rassurer, et lui promis bien qu'elle me verrait de retour à Paris, aussi libre que j'en étais parti. Il n'était pourtant pas question pour moi d'y revenir si tôt. Mes parents s'obstinèrent à me laisser passer au Mans toute l'année, qui n'était pas encore fort avancée, et espéraient toujours de vaincre, ou l'opiniâtreté du cardinal de Noailles, ou la timidité de l'évêque du Mans. Je demeurai près de ce dernier encore environ six mois, qui eurent encore pour moi quelques évènements, dont la longueur de cette lettre ne me permet pas de vous instruire; ce sera pour le premier ordinaire.

Je suis, etc.

CINQUIÈME LETTRE.

Me voici donc encore au Mans, monsieur, et je vous dois compte de la façon dont j'y passai le reste de l'année. Mademoiselle L. B... eut mes premiers soins. Vous savez qu'au départ de la belle blonde son amie, et plus encore celle de son frère, je lui avais promis de l'aller voir à Noy...., où madame de la Bl...., sa mère, demeurait avec sa famille; je lui tins parole. J'allai y passer deux jours; cette brave dame, qui devait avoir été une très-belle personne, et qui en conservait encore à quarante ans passés d'assez beaux restes, me reçut chez elle avec une politesse et des démonstrations de reconnaissance qui ne m'étaient pas dues, et que j'avais grande envie de mériter. Elle avait cinq filles et deux fils; quatre de ses filles et son fils aîné étaient, sans contredit, les cinq plus belles créatures qu'on pût voir. L'aînée était blonde, comme je vous l'ai dit; celle qui la suivait était brune, avec le plus beau teint et les plus beaux yeux bleus qui se puissent imaginer. Elle n'avait alors que treize à quatorze ans; sa vue m'inspira dès-lors le ferme dessein de ne point nuire à la fidélité que sa sœur aînée devait à mon ami L. B.... Je caressai beaucoup cette jeune enfant, et les innocentes caresses qu'elle me prodiguait à son tour, allumèrent dans mon cœur, sans que je m'en apperçusse, et sans que je songeasse à m'en défendre, un feu qui m'entraîna dans un évènement des plus singuliers de ma vie, et auquel je devais le moins m'attendre. Je ne m'occupai donc à Noy..., auprès de la mère et de sa fille aînée, qu'à leur persuader que je mettrais tous mes soins et tout mon crédit à lui procurer, à Paris, une place convenable à ses grâces et à sa naissance. De retour au Mans, le souvenir de la jeune brune ne sortait point de ma mémoire; le peu d'espérance que je pouvais concevoir, m'engagea peu à peu à me distraire de cette pensée. La première distraction que je me procurai, ce fut un voyage à la Flèche. Madame B...., dont je vous ai parlé dans ma précédente, comme tenant la meilleure maison de la ville du Mans, avait deux fils au collége de la Flèche; ils y devaient représenter chacun un rôle dans la tragédie qui se devait donner au commencement du mois d'août, pour la distribution des prix; je fus invité par cette dame à m'y trouver, et ce fut le principal objet de mon voyage. Mais comme je n'étais pas homme à négliger les plus petites occasions de m'amuser, et qu'il y avait sur le chemin de la Flèche une abbaye célèbre dans laquelle mademoiselle de Rab....., célèbre elle-même par sa beauté et par ses talents, était pensionnaire, je me proposai d'y faire une halte. Il était question pour moi d'y être bien reçu, et je n'y connaissais personne. Je priai monsieur L. B..., qui y avait déjà fait quelques voyages avec l'évêque, de me donner une lettre qui m'annonçât à quelques dames de sa connaissance. Il me la promit, et me la donna en effet deux jours après, qui était la veille de mon départ. Je partis en poste à franc étrier avec un domestique. Il faut que vous sachiez que j'étais vêtu d'un habit de cheval assez simple, et que mon valet avait un habit d'écarlate, garni de brandebourgs d'argent, parce que cette circonstance servit au dénouement de l'aventure qui m'attendait à la Fontaine-Saint-Martin (c'est le nom de cette abbaye dont je viens de vous parler). J'y arrivai avant neuf heures du matin : je laissai mon valet à la porte, avec ordre de me faire préparer un morceau à manger sur le midi, et de venir m'avertir lorsque mon dîner serait prêt. Je me contentai de quitter mes bottes, et j'allai droit au tour : j'y demandai madame de Fontenailles pour laquelle j'avais une lettre de monsieur L. B.... Je fus conduit au parloir où cette dame se rendit sur-le-champ. Je lui remis la lettre de monsieur L. B....; elle la prit et la mit dans sa poche sans la lire, en me disant d'un air très-léger et sans façon :

« Je sais ce que c'est : monsieur L. B....
» m'a déjà prévenu sur votre passage et sur
» vos talents. Nos demoiselles viendront
» dans un quart-d'heure ; je vais aller les
» chercher. Mais pendant que nous sommes
» seuls, faites-moi l'amitié de me chanter un
» petit air ». Cette réception me parut singulière, cependant elle ne me déconcerta point. Je voulus me défendre de chanter ; mais la dame prit mal ma résistance, et me dit que ce n'était pas la peine de venir me montrer à la Fontaine-Saint-Martin, si je ne voulais pas y faire usage des talents que j'allais faire briller à la Flèche, et qu'en ce cas, il était inutile que ces demoiselles se donnassent la peine de venir pour me divertir. Je sentis à ce discours que monsieur L. B.... s'était diverti lui-même sur mon compte. Je compris que le rôle que j'avais à jouer serait peut-être plaisant ; je m'y livrai de bonne grâce, et je chantai. La chanson fut trouvée charmante, et ma voix beaucoup plus belle qu'elle ne l'était en effet. La dame contente de ma complai-

sance, sonna et fit avertir le chapelain de la maison pour venir me tenir compagnie pendant que les demoiselles achèveraient leur toilette. Celui-ci qui était musicien et très-médiocre compositeur, mais qui se croyait un grand homme, pour avoir mis en plate musique quelque *Regina cœli*, et quelque *O salutaris*, débuta avec moi par me frapper sur l'épaule, et m'appeler son ami; ensuite mettant sur une table un tas de vieilles partitions, il m'invita à admirer ses productions. J'en solfiai quelques-unes, et notre conversation termina par me faire espérer qu'on me donnerait bien à dîner, et du vin des dames, dont il se disposait à bien faire les honneurs. Enfin, les pensionnaires arrivèrent en tumulte avec quelques jeunes religieuses. Tout était musicien dans cette maison. Mademoiselle de Rab.... y paraissait comme Diane au milieu de ses nymphes; toutes la regardaient avec autant d'envie que de respect. Il y avait un clavecin dans le parloir, on apporta des violes; le chapelain était aussi bon violon que compositeur : son instrument arriva aussi. Il me fallut débuter par la chanson que j'avais déjà chantée : elle était composée pour une brune, mademoiselle de Rab... était blonde. Je la parodiai sur-le-champ pour elle ; cet impromptu parut si singulier, que je fus dès ce moment regardé comme un homme d'un génie extraordinaire. Ensuite il fallut chanter des scènes de duo : je fis plus, je pris tour à tour les violons et la viole : j'étais moins mauvais que le chapelain, c'était être un virtuose du premier ordre. Cette scène dura plus de deux heures, et je vous avoue que je commençais à ne savoir plus comment elle se terminerait, quand mon laquais parut à la principale porte du couvent, laquelle porte était en face de la fenêtre du parloir, vis-à-vis de laquelle étaient tournées toutes ces dames et demoiselles. Aussitôt, curiosité universelle. L'une disait : C'est monsieur le comte un tel ; l'autre c'est le baron. Non, disait une bonne mère, c'est monsieur le chevalier. Je me retournai à mon tour, et reconnaissant que c'était mon domestique, j'ouvris la fenêtre; je l'appelai par son nom, et je dis humblement à ces dames qu'elles s'étaient trompées, et que c'était mon valet qui venait apparemment m'avertir que mes chevaux de poste étaient prêts. A ce mot, toute l'assemblée fut confondue. Madame de Fontenailles se retira dans un coin pour y lire enfin la lettre que je lui avais rendue. Cette lettre était toute différente de la première qu'elle avait reçue. Dans cette première, il n'était question que d'un grand musicien de Paris, qui allait briller à la tragédie de la Flèche; dans la seconde on lui disait qu'elle ne prendrait pas le change, qu'on en était sûr : et que le grand musicien était un abbé de condition, qui serait incessamment le grand vicaire du diocèse, et peut-être bientôt leur évêque. La pauvre dame se jeta à mes genoux, pleura, me demanda pardon, dit qu'elle ne le pardonnerait jamais à monsieur L. B.... Le chapelain court encore; enfin, l'abbesse fut avertie, elle vint elle-même: elle me fit mille excuses. Moi, qui m'étais fort amusé, je protestai contre tout ce cérémonial; mais enfin, il fallut dîner au parloir avec l'abbesse, mademoiselle de Rab.... et quelques dames et demoiselles favorites, et je ne pus partir et me rendre à la Flèche que fort tard. J'allai descendre dans l'auberge où madame B...., qui n'était pas encore arrivée, devait venir loger. Toute cette auberge avait été retenue pour elle et pour sa compagnie, qui était nombreuse, et il ne s'y trouvait qu'une seule chambre surnuméraire à celles qu'on avait marquées pour elle et sa compagnie. Cette chambre était, me dit-on, occupée par un capitaine de cavalerie. Mais, comme je dis que j'étais de la société de madame B...., on m'assura qu'il ne trouverait point mauvais qu'on lui donnât une autre chambre dehors et à deux pas de l'auberge. Sur cela, les domestiques de la maison délogèrent son bagage, et le mien lui fut substitué. Madame B... arriva et tout ce qui venait avec elle. Bientôt on nous servit à souper, et nous étions près de nous retirer chacun dans notre gîte, lorsque j'entendis du vacarme dans la cuisine; j'en fus d'autant plus inquiet, que je reconnus la voix de mon valet qui disputait avec chaleur. Je voulus voir de quoi il était question; et, m'étant arrêté à la porte de la cuisine, je vis un petit homme à quatre pieds de terre, gros et court, mais armé d'une épée plus longue que lui, qui se démenait et jurait de la belle façon, en disant qu'il verrait si un abbé délogerait ainsi un capitaine de cavalerie. Par malheur pour monsieur le capitaine, sa figure m'était très-connue; et il n'y avait pas au plus un an que je lui avais payé 500 livres. Vous devinerez tout à l'heure à quel titre cette somme lui était due. Comme je ne me trompais pas, et qu'il continuait, en mettant la main sur sa longue épée, de menacer de couper les oreilles à quiconque oserait lui disputer sa chambre, je l'apostrophai enfin par son nom. » Monsieur Lesourd, lui dis-je, j'ai plus de

» peur de votre plume que de votre épée;
» la crainte d'une assignation eût pu me
» faire déguerpir de la chambre que j'oc-
» cupe, mais votre épée n'en viendra pas
» à bout; allez, mon cher petit procureur,
» allez faire ailleurs le fier à bras si vous
» le jugez à propos: et croyez-moi, sortez
» par la porte, c'est un conseil que je vous
» donne, en reconnaissance de ceux que
» vous m'avez quelquefois donnés; songez
» qu'il y a ici des fenêtres ». Le pauvre procureur fut si confus, qu'il en pensa crever; il fut honni, baffoué, et se crut si déshonoré d'avoir perdu sa compagnie de cavalerie, qu'il ne parut nulle part, tant que nous restâmes à la Flèche. Mais, notre voyage ne fut pas long; la tragédie jouée, nous retournâmes tous de compagnie au Mans. Deux nièces de l'Évêque y étaient arrivées depuis quelque temps et logeaient dans l'abbaye du P..., où j'avais trouvé deux belles-sœurs de la marquise de B... ma cousine. J'allais souvent faire ma cour à mademoiselle du Creni. Un jour que je

dînais avec elle au parloir de l'abbesse qui m'y invitait souvent, l'aînée de ces deux demoiselles qui avait eu pour moi des attentions de préférence, s'échauffa un peu pendant le repas, et se mit en pointe de vin. Devenue alors plus gaie et plus vive que de coutume, elle me fit publiquement l'aveu des sentimens de tendresse qu'elle dit avoir pour moi, et dont elle ne m'avait jamais fait la confidence. Toute la compagnie la plaisanta; mais elle tint bon, et ne voulut jamais s'en départir, disant hautement qu'elle voulait m'épouser, qu'elle ne serait jamais heureuse qu'avec moi. L'abbesse lui dit qu'elle n'y pensait assurément pas; que j'étais abbé, et que les abbés ne se mariaient point. Elle répondit vivement à tout, et avança, sans autres garans que ses desirs, (car je ne crois pas qu'alors sa vanité fût de la partie), elle avança, dis-je, qu'elle était sûre que j'avais pour elle les mêmes sentimens qu'elle avait pour moi : que je n'étais point fait pour être d'église, et que son cher oncle l'évêque consentirait à notre commun bonheur. J'entrai pour mon compte dans tous ses transports, comme dans une plaisanterie qui devait se terminer au café; mais je me trompai. Un secret confié à une communauté de filles devient bientôt le secret de la comédie. D'ailleurs, tout ce qui a rapport et qui tend au mariage, est saisi avidement par de saintes récluses, dont la plupart ont souvent médité qu'il faut que ce soit un grand bien, puisqu'on attache tant de mérite à y renoncer. Ainsi toute la ville fut bientôt informée de cette petite scène; l'évêque lui-même en fut instruit : et comme apparemment il n'y avait rien dans tout cela de fort éloigné de ses vues, il me mena à sa campagne; il y attira ses nièces et l'abbesse. Mad.lle du Creni, quoique plus retenue alors qu'elle ne l'avait été à table, ne pensa point à se dédire, et recevait tous mes soins avec complaisance. Je les lui rendais autant par goût que par honneur : si bien qu'enfin l'évêque son oncle, qui connaissait mon éloignement pour l'état ecclésiastique, me proposa de me donner sa nièce en mariage, au lieu de la prêtrise que mes parents lui avaient demandée pour moi. Il est vrai que, sacrement pour sacrement, j'aurais préféré celui qu'il m'offrait; mais j'avais laissé à Paris mademoiselle de Cle..., dépositaire des engagements que j'avais pris avec elle. Je crus donc ne m'engager à rien en acceptant les offres du prélat, pourvu qu'il obtînt le consentement de mes parents; c'était bien ainsi qu'il l'entendait, et il croyait n'avoir point lieu d'en douter. En effet son alliance nous était honorable, mais elle n'était pas fort avantageuse du côté de la fortune: et cette raison, qui n'influe que trop dans les marchés de l'espèce de celui-ci, était encore secondée par l'opiniâtreté de mon père pour les vues qu'il avait sur moi. Ainsi, les amis du prélat, qui étaient chargés de faire l'ouverture de cette affaire à ma famille, ne réussirent, par leur négociation, qu'à me faire rappeler à Paris plus tôt que je n'eusse osé l'espérer. Je n'y arrivai qu'à la fin de l'année.

1715. J'eus grand soin d'abord de calmer les inquiétudes de mademoiselle de Cl.....; je lui exposai le système que je m'étais fait d'après les conseils de mon ami l'abbé de Br..., qui était de ne me refuser à aucune démarche que ma famille exigerait de moi, jusques et inclusivement à tout ce qui pourrait engager ma liberté. Cette assurance, et la façon dont je m'étais tiré de mon voyage au Mans, me furent bientôt nécessaires pour la rassurer contre les nouvelles batteries que mes parents avaient préparées à mon insçu. Il fut question d'abord de m'envoyer dans un diocèse éloigné, et l'évêque avait tout promis. Dans ce moment, la jeune religieuse que j'avais connue à la campagne de madame H....., la fille du duc de C..., fut nommée abbesse dans la ville même où l'on projetait de m'envoyer. J'avais parlé de mon aventure avec elle, et de la proposition qu'elle m'avait faite : on ne jugea pas à propos de m'exposer à une seconde tentation, dans un âge où j'aurais peut-être eu plus de résolution. Cette affaire fut donc rompue : on ne tarda pas à trouver de nouvelles ressources. On me fit résigner un canonicat dans l'église d'Eu.... monsieur le M.... qui en était alors évêque, était brouillé avec le cardinal de Noailles, et très-propre aux desseins de mes parents : il s'engagea à tout ce qu'on voulut. Je partis pour aller prendre possession de ce nouveau bénéfice ; j'arrivai à Eu.... à la mi-carême. J'y eus à peine passé huit jours, qu'on me fit mander par un de mes amis que mademoiselle de Cl.... venait d'être mariée. Je donnai dans le panneau ; mon désespoir fut tel que je n'eus plus la force de résister aux insinuations du prélat ; je consentis à devenir sous-diacre. On avait prévu que je pourrais me repentir ; on avait fait venir de Rome une dispense par laquelle l'évêque pouvait me donner tous les ordres en trois jours ; il y mit cependant quelques jours d'intervalle, c'est-à-dire, du samedi de la passion au samedi saint. J'avais écrit au confident que j'avais auprès de mademoiselle de Cl..... que, puisque j'apprenais qu'elle avait été mariée, je ne faisais plus de cas d'une liberté que je lui avais vouée, et que j'allais la sacrifier à la douleur que me causait son engagement. J'en reçus le mardi de la semaine sainte, c'est-à-dire, déjà trop tard, une lettre qui m'accabla de mille douleurs à la fois. J'appris par cette lettre que non seulement mademoiselle de Cl...... n'était point mariée, mais qu'elle m'aimait toujours uniquement; qu'elle avait été attaquée de la petite vérole; qu'on la croyait hors de danger, lorsque ce même ami commun avait reçu ma lettre; qu'il la lui avait fait voir, et qu'elle avait voulu m'écrire elle-même deux mots dans la réponse qu'il me faisait; ces deux mots étaient : *J'étais ressuscitée, monsieur, votre lettre me donne la mort.* Cette malheureuse prophétie, qui m'avait déjà causé une douleur inexprimable, fut accomplie en vingt-quatre heures; j'en appris la nouvelle le jeudi matin. Jugez, monsieur, de l'état horrible où je me trouvai. Ce sont de ces situations qui ne peuvent se décrire ; mon ame fut privée de toute espèce de sentiment, et tout ce qui restait de mouvement à ma stupide existence, ne fut plus conduit que par un abandon général de moi-même; aussi me conféra-t-on le diaconat comme on donne l'extrême-onction à un corps absolument léthargique; c'est-à-dire, sans aucun consentement, et sans autre détermination que celle que reçoit une boulle des mains de celui qui la pousse. Cette auguste et triste cérémonie fut à peine achevée, qu'une secrète horreur me saisit, et me fit sortir de l'anéantissement où toutes les facultés de mon ame étaient demeurées comme éteintes jusqu'à ce moment. Ce douloureux retour sur moi-même me fit envisager, avec un sentiment dont le caractère ne peut se définir, toutes les pertes que je venais de faire, et l'artifice qu'on avait employé pour m'y conduire. Je protestai dès-lors devant Dieu, contre la violence qu'on m'avait faite, et contre ce qui, dans deux jours, y devait mettre le comble. Mais comme je ne voyais plus rien au monde, dans ce moment, qui pût m'engager à réclamer un jour juridiquement contre un pareil attentat, je me contentai d'en prendre le ciel à témoin, bien résolu, dès que je serais mon maître, de ne faire aucun usage ni des dignités, ni du fardeau qu'on m'imposait. Je renouvelai ce serment, je puis dire même ce vœu solennel, et je le fis bien librement aux pieds des mêmes autels où l'évêque d'Eu... acheva de me sacrifier aux vues et à l'ambition de ma famille. Peu de jours après, il me confia une partie du gouvernement de son diocèse; je m'en acquittai comme un honnête homme doit s'acquitter de tout ce qu'on lui confie, sans goût à la vérité, mais avec la plus scrupuleuse exactitude.

Je pourrais vous faire ici un détail assez étendu de mes travaux ecclésiastiques; mais pardonnez-moi de n'en faire ici aucune mention; la dignité de ces occupations religieuses serait déplacée, et quadrerait mal avec le récit d'aventures galantes que le temps, qui affaiblit tout et vient à bout des plus grandes douleurs, fit succéder à celles que j'avais si vivement ressenties. Je fus cependant quelques mois dans un état d'indifférence qui me rendait assez insensible; et, quoiqu'on m'eût donné à Eu.... le nom de *Beau Chanoine*, je ne pensais point à mettre cette distinction à profit. Une jeune bourgeoise de la ville, qui avait déjà eu quelques aventures, se mit en tête de me tirer de cet état d'indolence; elle se hasarda à venir me voir, et la facilité que je trouvai à la mettre au nombre de mes conquêtes, borna son triomphe et le mien au temps que dura sa visite.

Cette petite aventure de passage servit au moins à réveiller mes sens de leur engourdissement, et je commençai à remarquer, un peu mieux que je n'avais fait, les jolis minois dont la ville d'Eu... était alors suffisamment ornée. Il y avait dans notre chapitre un chanoine qui aimait la musique; il donnait de temps en temps des concerts; j'y fus invité; toute la belle jeunesse de la ville s'y trouva. Parmi les jeunes personnes que j'y rencontrai, j'en distinguai surtout deux, dont la physionomie était aussi spirituelle qu'aimable. La première qui me frappa, était mademoiselle L... C..., sœur de la petite bourgeoise qui m'avait prévenu d'une façon si obligeante. Celle-ci, sans être ce qu'on appèle une beauté, avait des yeux singuliers, et une de ces figures piquantes qui plaisent à tout le monde, avec un fonds de coquetterie qui a fait voir, depuis, bien du pays à ceux qui s'y sont attachés, et lui a procuré, à elle-même, des aventures qui ont trop éclaté pour son honneur, et qui, par leur singularité, mériteraient d'être écrites. L'autre était aussi une jeune personne qui ne paraissait que quatorze ans, et qui en avait dix-sept à dix-huit. Elle avait pour plaire tous les avantages de la première, excepté la coquetterie ; et, pour s'en dédommager, elle possédait des grâces que l'autre n'avait pas. Ses yeux étaient peut-être moins tendres et prévenants ; mais elle les avait plus vifs, plus perçants et plus spirituels ; le teint fort supérieur, la gorge admirable, une candeur naïve, avec une vivacité enjouée, et peut-être un peu étourdie, mais qui se corrigeait elle-même par une retenue qu'on ne pouvait s'empêcher de respecter. Dès qu'elle parut dans l'assemblée, je ne sais si mes yeux démêlèrent tout cela, mais je n'en eus plus que pour elle. Je demandai qui était cette jeune fille ; on me dit qu'elle était femme depuis quatre ans ; qu'elle était mariée à un homme en charge dans la ville, et qu'elle était fille d'un conseiller. Je la prévins de toutes sortes de politesses ; elle y répondit avec grâce, et avec beaucoup de modestie. Si ce n'était pas de l'embarras pour moi, j'avoue qu'il n'entra alors dans mes projets que le desir de m'amuser ; mais cette rencontre eut des suites plus sérieuses, comme vous l'apprendrez en son temps.

Parmi les gens que je fréquentais le plus à Eu...., je m'étais lié d'une amitié plus particulière avec l'abbé de C...., jeune chanoine, fils d'un magistrat distingué dans la ville de R... J'appris bientôt qu'il était un des adorateurs de mademoiselle L... Cl..., la première dont je viens de vous parler, et personne dans la suite n'a eu tant de part à ses aventures. Il est vrai qu'il voyait sa belle avec plus de liberté que je n'en trouvai d'abord auprès de celle que j'avais choisie; sa grande jeunesse, un mari soupçonneux, une grand'mère surveillant la réputation de galant dont on m'honorait, m'avaient fermé tout accès chez elle; en sorte que tout notre commerce se réduisait à quelques rencontres, à des regards d'attention et à des révérences polies. Tout cela commençait à m'ennuyer, et j'avais besoin de quelque chose de plus pour soutenir une inclination naissante et encore mal assurée. Ma jeune dame y pourvut d'une façon assez fine, mais dont j'eus bientôt lieu de penser qu'elle n'avait ni envisagé ni senti toutes les conséquences. Elle avait une amie dans mon voisinage; je trouvai un jour cette amie seule sur sa porte, en rentrant chez moi; elle me pria d'entrer un moment chez elle, où je trouverais, dit-elle, quelqu'un qui avait un mot à me dire. Ma surprise fut grande, en entrant dans une salle basse où je fus introduit, d'y trouver madame***, (c'était la jeune dame en question). Elle me reçut avec un air assez embarrassé, et reprocha à son amie, qui ne nous quitta point, d'avoir pris trop à la lettre ce qu'elle lui avait dit; qu'en effet, elle avait une grande envie de me parler, mais que la chose était de si peu de conséquence, que cela eût bien pu se remettre. Je la pressai long-temps inutilement de me dire de quoi il était question; elle s'en défendit, et enfin vaincue par mon opiniâtreté à ne point sortir que je ne susse ce qu'elle desirait de moi, elle me dit qu'ayant été la veille à l'abbaye de St.-S....., faire visite à quelques pensionnaires, elles lui avaient donné les paroles d'une chanson dont elle n'avait pu retenir l'air qu'elle ne doutait point que je ne susse, et qu'elle me priait de le lui faire noter. En même temps elle me donna un papier plié; je voulus l'ouvrir sur-le-champ, mais par bonheur je remarquai dans ses yeux un air d'effroi et de fierté qui me retint; je mis le papier dans ma poche, et lui demandai si je pouvais espérer de lui remettre moi-même la musique des paroles qu'elle me confiait; elle me dit que cela ne se pouvait, mais que je pouvais les faire remettre chez elle à une petite personne qui la servait. J'avais trop d'impatience de voir les paroles de cette chanson, pour prolonger ma visite. Je ne fus pas plutôt chez moi, que j'ouvris en secret le papier; vous avez déjà deviné que ce n'était point une chanson. Non, monsieur, c'était de la prose la plus tendre, écrite d'un style qui annonçait tout à la fois un cœur franc et sensible, un esprit vif et naturel, et en même temps une innocence de mœurs admirable. J'y répondis sur le même ton: quelques jours après on me fit avertir qu'on était à une petite maison de campagne à la porte de la ville; j'allai, avec mon ami l'abbé de C...., me promener aux environs. Nous nous rencontrâmes; un orage nous obligea de demander un abri, et fut assez long pour qu'on fût obligé de nous retenir à souper : ce fut là que j'obtins la permission de voir quelquefois cette jeune et aimable dame, non chez elle, mais chez une vieille amie assez complaisante pour souffrir nos rendez-vous, et nous y laisser jouir de la liberté du tête à tête. Je me crus au comble de mon bonheur : mais j'étais encore loin de mes espérances. Les plus légères libertés, excepté celles que l'amitié peut autoriser, me furent constamment refusées; et des remontrances plus sages et plus sensées que son âge ne le comportait, m'imprimèrent un tel respect, que je crus longtemps ne pouvoir tirer d'autre prix de ma tendresse et de mes assiduités, que la douceur d'un commerce aimable, spirituel et sans conséquence. Enfin, cette aimable personne m'avait insensiblement accoutumé à séparer la tendre occupation de mon cœur des vifs transports de mes sens, et j'aurais pris moi-même mon amour pour une simple amitié, sans les efforts de ma raison pour réprimer mes desirs. C'est ainsi que je passai délicieusement quelques mois. Dans ce même temps j'appris que le feu Roi Louis XIV, par un arrangement qui plaçait l'évêque d'Eu..... à Aix, devait me nommer à l'évêché d'Eu.... En effet, ce monarque avait fait cette destination la veille de l'Assomption, et devait l'assurer par sa signature, après avoir communié le lendemain. L'indisposition de Sa Majesté pendant la nuit l'obligea de prendre quelques remèdes qui le mirent hors d'état de communier. Ainsi la feuille ne fut point signée, et ce prince finit sa glorieuse carrière quinze jours après, sans avoir disposé des bénéfices vacants. M. le duc d'Orléans, régent, prit de tout autres mesures; et je vous dis, de la meilleure foi du monde, que, malgré la douleur que j'eus de la mort du Roi, mon bienfaiteur, je fus très-content d'avoir échappé au joug qu'il voulait m'imposer. Je fus prié par la ville, et chargé par l'évêque de faire l'oraison funèbre de ce prince. Je ne vous en aurais pas parlé ici, si ce n'est qu'elle fut l'occasion de me lier de connaissance et d'amitié avec le mari de madame ***. Voici comme la chose arriva. M. *** avait été de la députation que les différents corps de la ville avaient faite pour m'inviter à me charger de ce panégyrique. Je n'avais point encore été le remercier: j'appris qu'il devait partir d'assez bonne heure pour aller souper chez son beau-père à la campagne, et que sa femme était restée en ville. Je voulus profiter de cette absence que j'étais censé ignorer, moins pour lui faire ma visite, que pour trouver madame *** seule chez elle. Je ne pouvais y arriver dans un moment plus heureux; je trouvai la jeune dame dans le plus agréable déshabillé, mais il ne fut nullement question d'en profiter ; elle exigea encore de moi encore plus de retenue que je n'étais obligé d'en avoir dans nos tête-à-têtes ordinaires. Il fallut obéir, sous peine d'encourir son indignation ; mais ce malheur n'était rien en comparaison de la catastrophe qui le suivit. M. *** s'était trouvé un peu incommodé en chemin : il changea de résolution, et revint chez lui lorsque nous nous y attendions le moins. Il entra chez sa femme sans se faire annoncer, il la trouva seule avec moi, et dans le même état négligé, et plus que négligé, où il l'avait laissée. Nous fûmes tous trois aussi surpris l'un que l'autre; mais M. *** fut saisi au point qu'il en perdit la parole, et s'assit d'abord comme un homme auquel la respiration manquait. Je voulus lui faire mon compliment, je le fis tout de travers, il n'y répondit point, se leva sans rien dire, et descendit dans son jardin. Madame ***, pour laquelle j'étais plus effrayé que pour moi-même, me pria instamment de me retirer ; je le fis, et je passai le reste du jour et de la nuit dans une cruelle inquiétude. Le lendemain, j'envoyai savoir de ses nouvelles ; on me rapporta un petit billet de sa part, par lequel elle me marquait que tout était appaisé, et qu'elle me priait d'être chez moi l'après-dîner sur les quatre heures. Je ne concevais point qu'elle osât y venir, et cependant je me persuadai que c'était elle que je devais attendre. Monsieur son mari, qui vint à l'heure marquée, dissipa mes doutes et mes inquiétudes : il venait me faire des excuses de sa mauvaise réception de la veille. Nous n'eûmes point d'autre explication, et il finit par me prier à dîner chez lui le lendemain, me demandant surtout en grâce que ce qui s'était passé ne m'empêchât point de faire à sa femme et à lui l'honneur de les voir aussi souvent qu'ils le desiraient l'un et l'autre. Je profitai bien de cette permission; mais cette petite aventure, loin d'avancer mes affaires, ne servit qu'à rendre madame *** plus circonspecte avec moi : ensorte qu'ayant fait l'oraison funèbre du Roi, lorsque je partis peu après pour mon abbaye, je n'y emportai aucune certitude ni espérance de mes succès futurs.

Mon frère s'était marié dans cette même année. J'avais été passer deux jours à Paris pour cette cérémonie, et j'étais sur-le-champ revenu à mon poste. Ainsi, en partant d'Eu....., comme je viens de le dire, pour aller passer le reste de l'automne et une partie de l'hiver à mon abbaye, je pris la route de Paris pour y voir ma belle-sœur que je n'avais encore vue que pendant vingt-quatre heures. Comme elle était fort jeune, je proposai à ma mère de lui donner une compagnie qui pût l'amuser et sortir avec elle. J'avais en vue de mettre auprès d'elle mademoiselle de la Bl..... l'aînée, à qui j'avais promis l'année précédente de la placer à Paris : ma mère agréa ma proposition. Quoique je ne me montrasse guère à Paris, le cardinal de Noailles sut que j'y étais, et me fit assigner à l'officialité pour y porter mes lettres d'ordres, à faute de quoi il me déclarait interdit. Je répondis au bas de l'assignation, que n'entendant faire aucunes fonctions de mes ordres dans son diocèse, je n'avais rien à présenter ni à répondre à son official, ni à son promoteur. Cet événement me fit précipiter mon départ pour mon abbaye, et j'y arrivai vers le 15 de novembre. J'y demeurai deux mois : vous serez instruit, dans ma première, des particularités de ce séjour, qui peuvent mériter votre attention.

Je suis, etc.

SIXIÈME LETTRE.

Je ne fus pas plutôt arrivé au Maine, que j'écrivis à madame de la Bl.... l'arrangement que j'avais pris avec ma mère et ma belle-sœur pour mademoiselle sa fille aînée, et je l'engageai de me l'amener à mon abbaye, d'où je me chargerais de la conduire à Paris. Cette dame ne me fit point de réponse, mais elle arriva chez moi quinze jours après, avec sa fille cadette, cette même petite brune avec son teint et ses beaux yeux bleus, dont je vous ai parlé dans ma dernière lettre. Je la trouvai grandie, formée, et plus belle que jamais. La mère m'apprit que sa fille aînée était sur le point de se marier avec un homme riche qui lui faisait sa fortune, et me remercia de l'attention que j'avais eue pour elle; mais la jeune demoiselle sa fille, avec ces mêmes grâces et cette ingénuité qui m'avait déjà fait une si vive impression, me pria si tendrement de la substituer à sa sœur, qu'il ne me fut pas permis de m'en défendre. Il était cependant question de faire agréer cette substitution à ma famille ; je lui avais proposé une demoiselle de 23 ans, et celle-ci en avait à peine 15. J'avais peur qu'on ne trouvât cette espèce de gouvernante bien jeune ; je promis d'écrire. J'écrivis à ma mère qui avait toujours eu pour moi d'extrêmes complaisances ; aussi la réponse que j'en reçus fut telle que mademoiselle de la Bl...., et moi pouvions la desirer. J'avais mandé à ma mère tout ce qu'on pouvait dire de plus avantageux sur l'esprit, le caractère et la conduite de mademoiselle de la Bl...., et je ne lui en imposais en rien. Elle méritait cet éloge ; ma mère, en me chargeant de la lui amener, me promit d'être elle-même sa gouvernante, et de la traiter comme sa propre fille. Elle me tint bien parole : cette nouvelle répandit la joie dans notre petite société, et jamais ma retraite ne m'avait paru si charmante. Je voyais dans les yeux de ma petite brune une joie sincère d'être avec moi, et d'espérer d'y passer toute sa vie. Cette joie ne fut presque pas altérée par le départ de sa mère, et quelques jours de séjour qu'elle avait fait avec elle dans ma maison, l'avaient déjà mise en possession d'en faire elle-même les honneurs. Elle avait tellement augmenté la vivacité de mes sentiments pour elle, que je ne fus plus le maître de les lui cacher. Sa mère lui avait ordonné en partant, de me regarder et de me respecter comme un père; mais c'était un rôle trop sérieux pour un cœur aussi vif et aussi transporté que le mien; et celui de fille me paraissait gêner les tendres dispositions de mademoiselle de la Bl..... Un jour que je lui demandais si elle aimait bien son père (je parlais de moi): hélas! me dit-elle, oui; mais je vous aimerais encore davantage si vous étiez mon mari. Et moi, lui répondis-je avec transport, je serais plus heureux sans doute si vous étiez ma femme; mais croyez que je ne vous en aimerais pas avec plus d'ardeur. Oh! pardonnez-moi, me dit-elle, car je juge de votre cœur par le mien. Eh bien! lui dis-je, soyez donc ma femme. Mais, reprit-elle vivement, soyez donc aussi mon mari; pour moi, ajouta-t-elle, je vous donne dès à présent ma foi, et je vous jure devant Dieu qui m'écoute, que je n'aurai jamais d'autre mari que vous. Jusqu'où la passion peut-elle porter l'aveuglement? Mon imagination se représenta dans un instant, et les protestations que j'avais faites aux pieds des autels contre les engagements auxquels on m'avait forcé, et la persuasion où j'étais que la seule volonté des parties peut former cette union qu'on appèle mariage, et la rendre indissoluble au for de conscience. Sans autre examen, je me liai par les mêmes serments à mademoiselle de la Bl..... Elle les reçut avec transport, et scella notre commun aveuglement par des caresses si tendres, qu'il semblait qu'il ne restât plus à sa vertu qu'elle croyait exempte de tous reproches, aucun scrupule à vaincre pour confirmer mon bonheur. Elle exigea pourtant de moi une nouvelle preuve de ma docilité et de ma retenue. Elle voulut consulter en secret l'un des desservants de mon abbaye; c'était un homme d'âge, d'une vertu et d'une sainteté de mœurs reconnues ; elle le fit sans me compromettre en rien, et tout ce qu'elle exigea ensuite de moi, c'est que nous renouvelassions nos premiers serments en secret à la face des autels. J'avais fait le premier pas, j'étais d'ailleurs de bonne foi ; cette dernière démarche ne m'arrêta point, et je devins plus heureux que je ne croyais l'avoir été de ma vie.

1716. Je passai encore un mois, c'est-à-dire, jusqu'à la moitié de janvier, avec ma femme, car c'est ainsi que je croyais la pouvoir nommer. Nous partîmes ensemble pour Paris, elle dans ma chaise, et moi à cheval. En arrivant, je la présentai à ma mère et à ma belle-sœur, en leur disant : C'est ma fille que je vous présente. Ma mère me dit tout de suite : Elle sera donc la mienne.

Elle l'accabla de caresses, et me dit en particulier : Elle est bien jeune et bien jolie, mon cher fils ; mais je ne l'en aimerai pas moins. Ma belle-sœur lui marqua aussi beaucoup de tendresse, et dans la suite beaucoup de confiance; en un mot, mademoiselle de la Bl.... gagna tous les cœurs, et fut toujours contente du mien. Il fallut nous séparer, ce fut avec douleur; mais notre séparation était nécessaire, et notre raison y consentit.

De retour à Eu...., je repris sans aucun scrupule mes liaisons avec madame *** ; je la regardais comme une amie aussi solide qu'elle était aimable, et je n'imaginais pas même me trouver jamais avec elle dans l'occasion de devenir infidèle à celle à qui je venais d'engager ma fidélité. *Mais il est des instants fatals à la vertu*, comme l'a dit un auteur moderne; et le mois de février ne se passa point sans que j'eusse éprouvé qu'il dit vrai. Cette aventure, qui fut l'origine de la plus grande et de la plus longue passion que j'aye eue de ma vie, mérite, par sa singularité, de vous être contée. J'avais été dîner à la campagne chez un gentilhomme voisin; j'en étais sorti un peu plus qu'en pointe de vin, et je vins descendre chez madame ***. Je la trouvai seule; mon amitié pour elle s'oublia; elle devint entreprenante; je trouvai la sienne trop sérieuse, j'en exigeai des preuves qui n'étaient point absolument celles de l'amitié. On me résistait, on me parlait raison, mais je n'étais plus en état de l'entendre, et je n'en devenais que plus pressant. J'arrachai plutôt que je n'obtins un bonheur qui pensa nous devenir à tous deux bien funeste. Je n'avais pas eu le temps de m'en applaudir, lorsque madame ***, avec un froid qui me glaça, me dit: « Vous » venez de renoncer à mon amitié, vous « avez cherché un bonheur qu'il ne m'est » pas permis de partager avec vous, et qui « ne peut être le mien; je vous pardonne, » mais faites-moi la grâce de me laisser » seule ». Je vis son sang froid avec une sorte de terreur; je voulus m'obstiner à demeurer près d'elle pour obtenir ma grâce ; elle réitera ses instances pour me faire sortir ; j'insistai pour demeurer ; je voulus l'embrasser, elle n'y résista point; mais voyant que je ne pensais point à sortir de chez elle, elle tira de sa poche un couteau qu'elle ouvrit avec tant de vitesse, que je ne sais comment j'eus le temps et la présence d'esprit de l'empêcher de se le plonger dans le cœur. Je le lui arrachai dans le moment qu'elle me disait avec fureur : Eh bien! soyez donc puni de votre crime! Je pensai m'en percer moi-même ; elle m'arrêta à son tour ; je tombai à ses pieds baignés de larmes, et ce ne fut qu'après plus d'une heure de protestations et de serments de me conformer désormais à sa volonté, que j'obtins d'elle l'assurance qu'elle n'attenterait point à sa vie, et la permission de la revoir pour la convaincre de la sincérité de mes promesses. Je lui tins exactement parole, et même assez long-temps pour la convaincre, plus que je ne l'étais alors moi-même, de la sincérité et du désintéressement de ma passion. Sa confiance ne fut pas le seul sentiment qui s'accrut chez elle. Par cette conviction, elle se jugea enfin elle-même trop cruelle pour un amant qui lui paraissait si sincère, si soumis et si réservé. Sa faiblesse vint au secours de ma timidité, et l'ami devenu amant téméraire, cessa de lui déplaire à ce titre. J'étais trop enivré d'une passion que les circonstances pouvaient rendre respectable, pour me livrer aux remords de l'infidélité que je commettais envers celle pour laquelle seule mon amour devait me paraître légitime. Mais enfin elle était à Paris; j'étais en province; j'y avais apporté un tempérament tout à fait opposé à l'inaction, et pour dire la vérité, un cœur emporté par le plaisir, et aussi léger dans les occasions qu'il regardait comme passagères, qu'il était essentiellement constant dans les affaires de goût et d'inclination quand une véritable estime les avait fait naître. Madame *** ne fut pas long-temps sans avoir elle-même à se plaindre de mes légèretés, mais elle se croyait si sûre de mon cœur, qu'elle ne me fit jamais que de tendres reproches de mes écarts.

La première fois qu'elle eut lieu d'être jalouse, fut occasionnée par le voisinage du château de Na...., qui n'est qu'à un quart de lieue de la ville d'Eu... Monsieur le duc de B... y avait amené bonne et grande compagnie. Mademoiselle Dal... sa petite-fille, en était; c'était une des plus belles personnes et des mieux faites qu'il y eût à la cour, où elle n'avait cependant point encore paru; elle sortait du couvent. Je fis d'abord ma cour fort assiduement au château de Na..., et bientôt j'y eus mon appartement marqué. J'y vécus quelque temps sans aucune autre prétention que d'y profiter de la beauté du séjour et des agréments d'une société aussi brillante. Mais le duc de B... donna lui-même occasion au changement qui arriva dans mes tranquilles dispositions. Un jour que je causais avec mademoiselle Dal...., il lui dit en ma présence : « *Ma fille, vous êtes de*

» *bon goût, et voilà un grand-vicaire* » *qui mérite toute votre confiance* ». Ce discours, qui n'était qu'une plaisanterie, augmenta cependant la distinction avec laquelle mademoiselle Dal... me traitait, et fit naître en moi beaucoup moins la vanité que le desir de lui plaire. Je lui fis plus assiduement ma cour; et comme elle me traitait aussi avec plus de bonté, il n'en fallut pas davantage pour mettre cette bonne fortune sur mon compte : tout le monde le crut et en parla. Pour vous, monsieur, je vous prie de ne faire ni l'un ni l'autre. Le départ de cette petite et charmante cour fit cesser les faux bruits et les inquiétudes de madame * * *. Avant mon départ pour Paris, qui suivit celui du duc de B... d'assez près, je fis à Eu... une connaissance assez vive avec une jeune parisienne qui était venue passer quelques mois à Eu.., chez une de ses sœurs qui y était mariée. Cette connaissance se renouvela à Paris dès que j'y fus arrivé, et me fut d'une grande ressource, vu la difficulté que je trouvai chez mes parents pour les entretiens secrets que j'aurais desiré d'avoir avec mademoiselle de la Bl..... Mademoiselle du Fr...., c'est le nom de la demoiselle dont je viens de vous parler, me préserva des malheurs d'une retenue trop austère. Outre cette connaissance, je cultivai soigneusement celle du duc de B... et de toute la maison à laquelle je m'attachai dès-lors avec d'autant plus d'agrément, que l'ancienne amitié du prince Frédéric.... Dan..... m'en procura l'estime et la confiance. J'y passai pour ainsi dire toute ma vie, les hivers à Paris, et les étés à Na... Ma chère de la Bl... était ce que j'aurais desiré de voir le plus, et c'était presque la personne que je voyais le moins. Cela nous ennuyait également l'un et l'autre : mais elle était si contente des amitiés qu'elle recevait de ma mère, qu'elle eût préféré son état présent à celui qu'une petite aventure lui fit succéder, et dont je vous entretiendrai dans la suite. Je retournai à Eu.. plus tôt que de coutume, parce que j'appris que madame *** y était dan-

1717.

gereusement malade. Je laissai à Paris mademoiselle de Fr... dans de grandes inquiétudes sur les suites de notre commerce; une parente à qui nous fûmes obligés d'en faire confidence, se chargea de l'évènement, et notre commun bonheur voulut que sa bonne volonté nous devînt inutile. C'est de quoi je fus instruit par la suite; et cette crainte, qui n'avait été que chimérique, nous fit prendre le parti de n'en avoir jamais de plus réelles. Me voici donc de retour à Eu... : j'y trouvai en effet madame*** avec une fièvre très-considérable; j'étais allé droit chez elle en arrivant, et peu de jours après mon retour, sa fièvre et mes inquiétudes furent calmées. Nous vécûmes pendant quelques mois dans la meilleure intelligence, quand vers le milieu du printemps, la tranquillité de son cœur fut encore troublée par un de mes écarts, qui dura un peu trop pour son repos; je vous en conterai tout de suite l'origine, les progrès et la fin. Monsieur l'abbé Pl... vint de son abbaye exprès pour me voir l'après-midi d'assez bonne heure, et me demanda à souper. Mon cuisinier était en campagne; je lui exposai mon embarras. Il me proposa sur-le-champ de me mener souper et passer quelques jours chez une dame de son plus proche voisinage, que je ne connaissais que de nom, et chez laquelle était une autre jeune dame de ses amies que je connaissais encore moins. J'acceptai la partie, l'abbé se faisant fort de m'y faire bien recevoir. La dame chez qui nous allâmes s'appelait madame de L..., et son amie était la marquise de M... Elles ne furent pas plutôt averties de notre arrivée, qu'elles se résolurent de faire un badinage et de me mettre dans l'erreur. Madame de M... joua le rôle de maîtresse de maison, prenant pour moi le nom de son amie à laquelle elle donnait le sien. Elles étaient toutes deux fort aimables et fort enjouées; madame de L... était réellement belle : madame de M... était plus que cela, elle était jolie. Le rôle qu'elle jouait avec moi m'autorisait à la distinguer dans mes politesses et dans mes complaisances. Nous soupâmes tous quatre, car le mari de madame de L... était absent. Sur la fin du souper, je commençais à m'échauffer pour la prétendue maîtresse de la maison, qui me paraissait y répondre ; mais madame de L... voulut y mettre ordre, en m'apprenant qu'on m'avait trompé. Je fus un peu embarrassé, car je n'avais nulle envie de changer de batterie. Je m'en tirai le mieux qu'il me fut possible, mais sans perdre mon premier objet de vue. Je m'apperçus que la marquise m'en savait bon gré. Après le souper, la conversation se soutint sur le même ton. Monsieur de L... revint chez lui fort ivre, selon sa coutume; l'abbé retourna à son abbaye ; et après avoir conduit les dames à leur appartement, on m'introduisit dans celui qui m'était destiné, et dont la porte touchait à celle de la chambre de la marquise de M... Le lendemain, je me levai d'assez bonne heure; et en sortant de ma chambre j'apperçus que la porte de la marquise était entr'ouverte. Je crus qu'elle était levée, j'entrai sans façon. Le bruit que je fis la réveilla ; elle demanda qui entrait sitôt dans sa chambre. Je m'excusai sur la porte que j'avais trouvée ouverte. « Vraiment, je » le crois bien, me dit-elle, car c'est une » porte qui ne ferme point; mais enfin, » puisque me voilà réveillée, vous êtes le » maître de rester à causer avec moi ». Je regardai cette permission comme tout aussi étendue qu'elle en avait l'air. Je m'approchai avec assez bonne contenance, et je crus devoir débuter par embrasser la dame ; mais elle me reçut fort mal, et me dit qu'elle était étonnée, et même offensée de ma liberté. Je me retirai très-humilié, et j'allai me promener dans le parc, jusqu'à ce que les dames descendissent pour dîner. Dès que je les apperçus, j'avançai à leur rencontre, et je tournai toutes mes politesses et mes agaceries du côté de madame de L..., me contentant de saluer très-froidement, mais très-respectueusement la marquise. Le dîner fut servi; on m'avait placé la veille auprès d'elle, comme auprès de la maîtresse de la maison. En me mettant à table, je dis que, puisque je n'étais plus dans l'erreur, j'allais prendre place à côté de madame de L...; et je laissai à l'abbé, qui avait amené compagnie, et était venu dîner avec nous, l'honneur d'être auprès de la marquise. Elle n'en fut pas de très-bonne humeur; pour moi, je fus très-gai avec ma voisine. Le mari, qui n'était pas d'humeur jalouse, en tint de bons propos; nous y répondions l'un et l'autre avec un air de liberté très-propre à rassurer un plus soupçonneux que lui; mais la marquise voulut s'en mêler et jouer dédaigneusement la désintéressée; les réponses que je lui fis furent toujours froides et sérieuses. Après le dîner, on proposa une partie de jeu; on présenta d'abord les cartes à la marquise: elle en prit une. Quand on vint à moi, je dis que je ne jouerais point: et aussitôt la marquise rendit sa carte, et s'excusa elle-même de faire la partie; je ne fis pas mine de m'en être apperçu. M. de L... prit un fusil et sortit. On se mit à jouer; et moi je pris un livre que je trouvai sur une table, et me retirai dans le coin de la salle le plus éloigné. Je n'y avais pas été un demi-quart d'heure, que madame de M... se leva d'impatience d'où elle voyait jouer, et vint m'arracher mon livre. « Savez-vous, me » dit-elle à demi-bas, que votre conduite » m'étonne et me pique. On vous avait » annoncé ici pour un homme galant, et je » vous trouve fort maussade. Est-ce affec- » tation, est-ce caprice? sommes-nous trop » mauvaise compagnie pour vous »? Allons donc, réveillez-vous me dit-elle, tout de suite en se mettant sur mes genoux, car j'étais resté assis comme pétrifié de l'algarade qu'elle me faisait. Le premier signe de vie que je lui donnai fut de la serrer dans mes bras et de la retenir sur mes genoux, en lui disant à l'oreille : « Vous » voyez du moins que je reçois vos re- » proches mieux que vous ne recevez mes » hommages ». Madame de L... qui nous observait, nous cria de la table où elle jouait : « Vraiment, vous êtes de bons » hypocrites : vous faites le semblant de » vous bouder en public, et il me paraît » que vous vous entendez assez bien en » particulier ». Pas trop, dit la marquise, en voulant se relever. Je la tins encore; mais elle me dit : « Laissez-moi, allons rejoindre la compagnie, nous aurons, à ce que j'espère, le temps de nous expliquer. Il n'en fut pourtant pas question tout le reste du jour; la bonne humeur fut générale, on se promena, on soupa; la compagnie partit; nous nous retirâmes chacun dans notre appartement. Lorsque je fus déshabillé et que j'eus renvoyé mon domestique, je restai à me promener dans ma chambre, rêvant à ce qui s'était passé, et à la porte de la chambre de la marquise qui ne se fermait point. Je me rappelai cette explication qu'elle m'avait dit que nous trouverions le temps d'avoir ensemble, et que nous n'avions point eue. Pendant ces réflexions, j'entendis que la femme-de-chambre de la marquise sortait de chez sa maîtresse; elle couchait à l'étage au-dessus. Tout cela m'inspira le desir téméraire d'entrer dans la chambre de madame de M...., et je l'exécutai dès que j'eus lieu de penser que tout dormait dans le château. Je fis le moins de bruit qu'il me fut possible, et me glissai heureusement jusqu'auprès du lit de la marquise. J'entr'ouvris les rideaux, et lui dis à voix basse: « vous m'avez flatté, » madame, que j'aurais une explication » avec vous, il m'est impossible de prendre » aucun repos, si vous ne daignez me l'ac» corder ». On ne me répondit point; mes mains curieuses cherchèrent inutilement, quoiqu'étendues de toute la longueur de mon bras, à rencontrer cette belle dormeuse. C'était un de ces anciens lits larges au moins de sept pieds; et la marquise reposait ou voulait paraître reposer à la rive opposée à celle où j'avais abordé. Je dis encore quelques mots, rien ne put la réveiller. Enfin je pris le parti le plus hardi de tous ceux que j'avais à prendre, et ce parti m'approcha si secrètement de sa personne, qu'elle ne s'apperçut que nous étions deux qu'un instant avant de sentir que nous ne faisions plus qu'un. Les premiers mots qui échappèrent à la marquise, qui à son tour me serrait étroitement dans ses bras, furent ceux-ci : *Pourquoi faut-il que je vous aime!* Et après un soupir elle ajouta: *Non, je ne crois pas qu'il y ait au monde un homme aussi hardi que vous.* De ce moment il ne fut plus question que de me recommander la discrétion. Je l'observai mieux que la marquise, et je n'ai guère connu de tendresse plus indiscrète que la sienne. Elle afficha notre bonne intelligence par des démarches si vives et si étourdies, pour ne pas dire emportées, qu'elle ne put même échapper aux moins clairvoyants. Elle resta encore trois mois au château de L...., pendant lesquels je ne passai jamais quatre jours sans l'avoir quelquefois chez moi, et presque toujours chez madame de L.... Celle-ci fut la première dans notre confidence, et ne s'en offensa point. Au bout de ces trois mois, le marquis de M.... R... rappela sa femme en Basse-Normandie où il avait son habitation. Il fallut donc nous séparer, et ce fut avec des regrets très-réciproques. J'accompagnai la marquise tout aussi loin qu'il me fut possible, et ne retournai à Eu.... que lorsqu'elle jugea elle-même que je ne devais pas aller plus avant. J'y fus à peine de retour que je reçus une lettre d'elle, par laquelle elle m'apprenait qu'avant d'arriver chez elle, elle en avait reçu une en chemin de son mari, qui lui recommandait de s'arrêter à R... où il avait une affaire au parlement, qui était prête à être jugée; que quoiqu'elle eût déjà passé cette ville de plus de deux journées, elle s'était déterminée à y revenir sur ses pas, dans l'espérance qu'elle avait de m'y voir arriver aussitôt qu'elle. Elle m'indiquait l'hôtellerie où elle devait loger; le penchant et la reconnaisance me firent partir. J'y arrivai en effet presque aussitôt qu'elle, et nous y fumes tous deux logés sous le même toit.

Quelques jours après, son affaire fut jugée et gagnée. Le procureur-général voulut ensuite lui donner à souper à une belle maison de campagne qu'il avait à une lieue de la ville, sur le bord de la rivière. Comme je ne le connaisais point, je ne fus point nommé de cette partie; mais je trouvai le secret d'en être, et de donner une fête à ma charmante marquise, dont elle me sçut d'autant plus de gré qu'elle n'en était point prévenue. Le même jour, je rassemblai cinq ou six amis, et engageai les meilleurs musiciens de la ville, de venir avec nous souper sur la rivière. Je louai trois grands bateaux; dans l'un était notre cuisine, dans l'autre la musique, et nous étions, mes amis et moi, dans le troisième où le couvert était mis. Nous nous embarquâmes ainsi au moment que le flux pouvait nous faire remonter facilement jusqu'à la maison du procureur-général. Avec un faible secours de rameurs, nous arrivâmes avant dix heures du soir au pied d'un grand perron de pierre qui était baigné par la rivière, au bout du parterre de cette belle maison. Nos bateaux étaient illuminés et éclairés d'un grand nombre de bougies. Dès que nous fûmes au pied du perron, notre musique se fit entendre au château. Le procureur-général en eut d'abord tout l'honneur; mais lui-même ignorant de quoi il était question, tout le monde sortit du salon où on était au dessert. On vint nous reconnaître; on nous invita à descendre, je voulus paraître le dernier, et madame de M.... m'apperçut la première; il n'y eut qu'elle qui sentit que ce n'était pas le hasard qui nous avait conduits à cette belle demeure, et ce fut pourtant sur le compte du hasard que cette aventure fut mise. Nous donnâmes le bal aux dames, jusqu'à cinq heures du matin qu'elles remontèrent en carrosse, et que nous remontâmes sur notre petite flotte, que le reflux et le cours ordinaire de la rivière ramena assez diligemment à la ville. Madame de M*** m'y attendait, et me marqua une reconnoissance infinie de cette petite galanterie. La marquise, quoique son affaire fût finie, et qu'elle en eût donné avis à son mari, ne s'était point pressée de partir pour aller le rejoindre. Il y avait plus de quinze jours que nous étions ensemble à R...., lorsqu'il prit fantaisie à son mari de venir la trouver sous le prétexte de remercier ses juges. Il arriva en poste à dix heures du matin, dans le temps que j'étais chez sa femme, peu convenablement vêtu pour une visite sérieuse. Mon valet reconnut la livrée, et m'avertit si à propos que je n'eus que le temps de regagner ma chambre sans être aperçu de monsieur de M. J'ordonnai sur-le-champ des chevaux de poste, et je partis sans avoir pu faire mes adieux à la marquise, que je ne revis que l'année suivante à Paris, où elle vint passer quelques mois auprès de la dame de la F... sa tante. A mon retour à Eu.., madame***, qui avait depuis long-temps été instruite de mon intrigue avec la marquise, et à qui je l'avais même avouée, me fit bien quelques reproches sur mon voyage à Rouen; mais notre intelligence n'en fut que très-peu troublée. Le départ absolu de la marquise, et la confiance avec laquelle j'en avais usé, l'assurèrent que mon cœur qu'elle croyait dès lors posséder tout entier, n'avait eu que peu de part à mon ivresse. Mais ce qui se passait alors à Paris, par rapport à mademoiselle de la Bl...., me jetta dans un plus cruel embarras. Je l'avais laissée aimée et chérie de tout le monde; ma belle sœur en devint jalouse; une petite aventure arrivée à Choisy, acheva de la lui rendre odieuse. Ma mère était allée avec ma belle sœur, et sa chère mademoiselle de la Bl..., pour se promener. Madame la princesse de Conti, fille de Louis XIV, à qui appartenait Choisy, rencontra dans ses jardins ma mère qui avait l'honneur d'en être connue, avec ces deux jeunes personnes. Elle leur fit l'honneur de s'arrêter à elles, et après les premières marques de bontés prévenantes, elle considéra avec attention mademoiselle de la Bl...: Mon dieu, dit cette princesse à ma mère, voilà une bien belle personne! c'est mademoiselle votre fille sans doute. Non, madame, répondit ma mère, c'est son amie. Il faut que je l'embrasse, dit la princesse, et en l'embrassant elle lui dit : Je n'ai rien vu de si beau que vous de ma vie, mademoiselle, vous pouvez m'en croire; je m'y connais, et j'ai été belle aussi. Il est vrai que mademoiselle de la Bl.... ressemblait beaucoup à madame la princesse de Conti dans sa jeunesse. De ce moment ma belle-sœur ne la souffrit plus qu'avec peine, et lui donnait tous les jours des mortifications, autant qu'elle en pouvait imaginer. Ma mère eut beau vouloir l'en consoler, et y mettre ordre, les choses en vinrent au point que mademoiselle de la Bl.... n'y put tenir, et m'écrivit qu'elle me priait instamment de trouver bon qu'elle retournât passer quelque temps dans sa famille, jusqu'à ce que nous prissions ensemble d'autres arrangements. En effet elle partit et me donna avis de son départ. J'allai de mon côté la trouver à Chartres, où je l'assurai bien tendrement, que l'année déjà fort avancée ne se passerait pas sans que j'allasse la retrouver, et prendre de nouvelles mesures pour nous rejoindre plus solidement. Elle continua sa route, et je repris le chemin d'Eu... Toute la maison de B... était déjà depuis quelque temps à Na.... J'y passai une partie du temps que je séjournai encore à Normandie; nous y avions grande compagnie, et entr'autres monsieur le comte et madame la comtesse de Revel, dont je ne vous parlerais point sans la singularité de l'événement qui suit et que vous ignorez sans doute. Le comte qui était alors en parfaite santé, fut obligé d'aller faire un tour à Paris, où monsieur le duc d'Orléans régent l'avait mandé. Son voyage ne devait être que de peu de jours, et il y en avait à peine deux qu'il était parti, lorsque madame de Revel, dont l'appartement était joignant le mien, se mit à faire de si grands cris au milieu de la nuit, qu'elle me réveilla. Je crus qu'elle se trouvait mal, et je me levai promptement pour aller à son secours. Comme j'ouvrais ma porte, je trouvai sa femme-de-chambre qui venait me prier de la part de sa maîtresse d'entrer chez elle. J'y trouvai la comtesse en pleurs, et dans un état de désespoir, que je ne pouvais pas imaginer être l'effet d'un rêve; elle m'avoua cependant que c'en était un qui lui causait une douleur si vive. Elle avait cru voir le comte son mari expirant, et elle était si frappée de cette vision, qu'elle voulait absolument que j'allasse réveiller monsieur le duc de B..., et l'engager à lui donner une voiture pour retourner sur-le-champ à Paris. Je la contraignis par de bonnes raisons à attendre qu'il fût jour chez le duc, et alors j'y descendis. Ce seigneur me dit que la bonne comtesse était folle : je le croyais comme lui, et pour la satisfaire sans la faire partir, on envoya un courrier à Paris, qui devait rapporter la nuit suivante des nouvelles du comte. Cette seconde nuit, madame de Revel rêva encore, me réveilla, me fit appeler, me dit que le duc et moi serions cause qu'elle ne verrait plus son mari ; et en effet, notre courrier arrivé à la pointe du jour, lui confirma son rêve presque à la lettre, en lui apprenant qu'à la même heure, où elle avait cru voir son mari expirant, il était tombé sans connaissance au sortir d'un souper avec monsieur le duc d'Orléans. Elle partit sur-le-champ, et arriva encore assez tôt à Paris pour voir rendre les derniers soupirs au comte son mari. Le duc partit peu après pour retourner à Paris, où je ne fus pas long-temps sans le suivre ; et ce fut de compagnie avec mon amie madame ***, qui y reconduisait une jeune personne de ses parentes qui avait passé quelque temps avec elle à Eu...., et qui a été depuis marquise de ***... J'y demeurai peu, mais assez pour qu'il m'y arrivât une aventure singulière. En sortant de la messe des Cordeliers, mon carrosse versa celui de la princesse de L.... dans lequel elle était avec un écuyer. Je fis arrêter le mien, et je volai au secours de la princesse, que j'aidai à sortir de sa voiture par la portière.

Je la conduisis à la messe; elle n'avait eu aucun mal que la peur et ses glaces cassées, dont un bras de son écuyer avait été blessé. Je dis à cette dame, avant de la quitter, que j'irais le lendemain prendre ses ordres, et savoir de ses nouvelles. Je me rendis ensuite à dîner chez le duc de B...., et lui contai mon aventure. Il m'exhorta à en profiter : Mon cher abbé, me dit-il, vous avez culbuté ma cousine; elle ne vous pardonnera pas si vous restez en si beau chemin. Il envoya aussitôt chez elle, et lui écrivit même des choses fort obligeantes sur mon compte. La princesse fit sur-le-champ réponse sur le même ton, et entrait dans la plaisanterie; mais ce qu'il y eut à tout cela de plus plaisant pour moi, c'est que le lendemain la prophétie du duc fut accomplie, et que pour qu'il n'y manquât rien, j'eus presque tous les jours des audiences aussi favorables pendant le séjour que je fis à Paris. J'y voyais aussi tous les jours madame de ***, et je fis alors connaissance avec ce qu'elle avait de parents dans cette ville, et surtout avec un de ses oncles fort riche, père de la jeune demoiselle dont je viens de vous parler, et qui tenait à Paris une très-bonne maison. Après environ un mois ou six semaines, madame de *** s'en retourna à Eu....; et rien ne me retenant plus à Paris, je partis moi-même pour mon abbaye, où peu de jours après mon arrivée, ma chère la Bl.... vint me joindre avec une de ses sœurs; nous y passâmes près de deux mois, et je remets à ma première à vous parler des arrangements que nous y prîmes ensemble....

Je suis etc.

SEPTIÈME LETTRE.

1718. Je vous avoue, monsieur, que je ne laissais pas d'être dans une sorte d'embarras, sur le parti que je devais prendre par rapport à mademoiselle de la Bl... Elle consentait bien d'entrer dans un couvent; j'aurais souhaité que c'eût été à Paris, mais elle était obstinée à ne plus me quitter; je l'aimais trop, et elle avait trop de pouvoir sur moi, pour que je fusse libre de m'opposer à sa volonté. Il fut donc conclu que je l'aménerais avec moi à Eu.... J'avais mis tout en œuvre pour la détourner de ce projet; j'allai jusqu'à lui faire l'aveu de mes liaisons avec madame de ***, mais elle me dit, sans en paraître ni étonnée ni jalouse, qu'elle s'était toujours bien doutée qu'éloigné d'elle, il m'aurait été difficile de lui garder une exacte fidélité; qu'elle m'avait excusé d'avance ; que contente d'être sûre de mon cœur, elle était toute disposée à m'excuser encore ; qu'elle sentait, par sa propre expérience, quelle peine ce serait pour moi, et quelle douleur ce serait pour madame de***, si j'étais contraint de rompre ouvertement avec elle : et qu'enfin je verrais, par la conduite qu'elle aurait avec sa rivale, que mes satisfactions lui étaient plus chères que les siennes. Je fus vaincu par les sentiments d'un amour si pur, et par les conseils d'une tendresse si généreuse..... J'écrivis à l'abbesse de Saint S.... à Eu..., que je lui mènerais une de mes parentes, qui souhaitait d'être pensionnaire dans sa maison : l'abbesse voulut bien se faire honneur de l'y recevoir. Je donnai le même avis à madame de***, et je la prévins que cette parente serait son amie. Ces choses disposées, nous renvoyâmes notre jeune sœur chez sa mère, et nous partîmes de mon abbaye pour nous rendre en droiture à Eu.., où je fis prendre à mademoiselle de la Bl.... le nom de mademoiselle du Jar....

Je la présentai à l'abbesse, à l'évêque, à tout ce qu'il y avait de noblesse à Eu.... et aux environs, et enfin à madame de***, qui l'accabla de carresses, et devint en effet son amie. Il est vrai qu'elles étaient toutes deux d'esprit et de caractère à devoir s'aimer. Mademoiselle du Jar.... fut invitée partout; elle s'y attira, comme elle avait fait à Paris, l'estime et le respect de tout le monde; ensorte que qui que ce soit, ni madame de*** elle-même, quoiqu'elle y fût plus intéressée, n'osa concevoir le moindre soupçon de notre engagement. Cependant, du couvent où elle était entrée, elle venait souvent me visiter, et elle passait souvent des huit et quinze jours dans ma maison: elle en usait de même chez madame de***, pendant mes absences de la ville, et pendant mes voyages à Paris et ailleurs. J'en fis un assez long pendant les mois de juillet et d'août de cette année. Je m'étais d'abord rendu à Paris, et j'en partis le 15 ou le 16 de juillet après midi, en poste, pour me rendre à Amiens. J'allai coucher à Clermont, qui est à moitié chemin, où je m'arrêtai à la poste. En descendant de ma chaise, j'entrai dans la cuisine, pour y ordonner mon souper. J'y étais encore, lorsque je vis une autre chaise de poste, précédée d'un valet de chambre. Il en descendit une dame de la plus riche taille, et du plus grand air : elle entra comme moi dans la cuisine, pour la même raison qui m'y avait fait entrer. Je lui fis politesse et lui demandai la permission d'être son maître d'hôtel, et d'avoir l'honneur de souper avec elle : elle accepta mes offres d'un air noble et libre. Pendant notre souper, cette dame me parut extrêmement spirituelle. Elle avait 30 ans au plus : on voyait sur son voyage, extrêmement gravé de petite vérole, qu'elle avait été ce qu'elle paraissait encore par la beauté et l'ordre de ses traits, c'est-à-dire, une belle femme. J'appris d'elle, dans notre entretien, qu'elle était originaire de Suisse, et de la religion protestante; qu'elle était veuve d'un général hollandais, qui s'était acquis une grande réputation dans les dernières guerres, et qu'elle allait passer quelque temps à une terre qui n'était qu'à deux lieues d'Amiens, dont le Parlement de Paris l'avait remise en possession par le privilége de sa naissance, comme d'un héritage que ses pères avaient perdu par la révocation de l'édit de Nantes, qui les avait contraints de quitter la Cour de France, et de se réfugier dans les Cantons protestants. Elle me pria de trouver bon qu'elle partît la première le lendemain matin, pour n'être pas croisée par moi aux postes qui pouvaient manquer de chevaux. Elle s'informa de moi où je logerais à Amiens, et me fit promettre que j'irais la voir à sa terre, où elle comptait bien me rendre le souper que je venais de lui donner. Nous causâmes assez avant dans la nuit, et elle voulut bien m'assurer que c'était de sa part avec une satisfaction égale à celle que je lui faisais voir. J'allais à Amiens pour une affaire sérieuse; je n'eus pas même le temps de l'entamer en y arrivant, puisque je trouvai le lendemain à mon réveil, une lettre de cette dame, par laquelle elle m'invitait à ne pas différer de venir la voir ; et pour que rien ne me retînt, elle m'avait envoyé en même temps une calèche à quatre chevaux. J'en profitai, et j'allai passer deux jours chez elle, pendant lesquels notre connaissance et notre estime réciproque se confirma. Je ne revins à Amiens que pour terminer l'affaire qui m'y avait amené; et dès qu'elle le fut, je retournai chez la comtesse de Saint-G..., c'est le nom de cette dame. Ma première visite m'avait acquis, comme je viens de le dire, autant de part dans son estime qu'elle en avait dans la mienne. Dans cette seconde, la vraie confiance que nous prîmes l'un pour l'autre, donna une entière liberté à nos sentiments ; la connaissance que vous avez déjà de mon caractère volage vous fait aisément juger des miens ; ceux de la comtesse étaient sages et modérés, mais n'avaient rien de farouche. Elle ne s'offensait ni de mes déclarations ni de mes desirs : elle m'assura qu'elle ne me craignait point, bien certaine, disait-elle, que les cicatrices de son visage la mettaient dans la plus grande sécurité contre la violence de mes transports. Il me parut alors qu'il était de mon honneur de lui faire perdre cette certitude: elle la perdit, et convint enfin qu'on ne devait plus s'assurer de rien, puisqu'avec une pareille sauve-garde (c'est ainsi qu'elle appelait les marques de sa petite vérole), elle n'avait pu se garantir du pillage. Je ne quittai presque plus le château de Saint-G....; je fis cependant quelques courses, à Amiens, à Auchi-le-château, à Hesdin, mais je revins toujours à Saint-G..., et j'y jouissais tranquillement d'un commerce que l'esprit de la comtesse rendait si vif et si doux, que je m'y serais oublié sans le malheur public qui me fit partir très-brusquement de cette province. Une maladie épidémique qui causait de grands ravages à Abbeville, commençait à se faire sentir à Amiens. Un ami chez qui je logeais, et chez lequel j'étais revenu passer quelques jours, avait chez lui un neveu et une nièce de 21 à 22 ans. Le jeune homme fut attaqué de la même maladie, et mourut en moins de douze heures; sa sœur qui ne l'avait point quitté, se réfugia la nuit dans mon appartement au moment qu'il venait d'expirer. J'employai toute mon éloquence pour la consoler, et lorsque le jour parut, j'eus tout lieu de croire que je serais mal récompensé de cet acte d'hospitalité : je me sentis le cœur empoisonné, et la tête fort embarrassée. Un autre ami que j'avais à Amiens, instruit du deuil qui était dans cette maison, vint de très-bonne heure m'en arracher, et me mena chez un homme de mérite de la ville. Le mari et la femme, qui était jeune et jolie, s'empressèrent à me distraire des noires pensées dont j'étais occupé : ni leurs façons ni leur bonne chère n'en purent venir à bout : on me pressa de boire pur d'un vieux vin de Bourgogne; ce dernier remède réussit, et moi qui ne fus jamais buveur, j'en bus trois bouteilles, presque sans manger, et sans me sentir la tête échauffée. Je me retrouvai alors dans mon état naturel, et sur-le-champ, j'ordonnai tout pour mon départ; mon hôte me mit encore deux bouteilles de son vin dans ma chaise; et comme je courus toute la nuit, j'eus très-souvent recours en chemin à cet élixir, qui assurément m'a sauvé la vie.

Dès que je fus de retour à Paris, où je ne comptais pas séjourner long-temps, j'appris deux nouvelles qui m'y arrêtèrent plus que je n'avais pensé; la première était l'arrivée de madame la marquise de M.... à Paris, cette même dame, dont je m'étais séparé à Rouen. A l'arrivée de son mari (je crois vous avoir dit dans mes précédentes qu'elle était nièce de la duchesse de la F....), elle était venue passer une partie de l'été, l'automne et l'hiver avec elle. La seconde nouvelle était que le duc de B..... n'irait point cette année à son beau château de N... Mademoiselle de B..., sa fille, avait acquis une petite maison tout près de Paris, dans laquelle le duc devait passer l'été; et mademoiselle Dal......, sa petite-fille, qui était alors madame la duchesse de M....., devait l'y passer avec lui. Je commence par vous rendre compte de ce que ce second prétexte de m'amuser à Paris me fournit d'évènements dignes d'attention. Toute la terre a su que mademoiselle Dal..., avant que d'épouser le duc de M....., avait été passionnément aimée du marquis d'Au... L'indigne indiscrétion, ou plutôt l'affreuse trahison du marquis, avait infiniment altéré la confiance du duc de M.... pour la duchesse, sa femme, et c'était une des raisons qui l'engageaient à passer une partie de l'année chez le duc, son grand-père. Un jour, qui se trouva la veille de celui où je devais aller les voir à Mondesir, leur petite maison, j'eus une affaire à consulter à un homme qui était à la tête de celles du marquis d'Au..... On me dit chez lui qu'il était chez le marquis pour quelque arrangement que celui-ci voulait prendre dans ses affaires. Je fis dire à cet homme que le lendemain, en allant à la campagne, je passerais chez lui de bonne heure, et j'y passai en effet. Je ne le rencontrai point encore, mais je trouvai sa femme. Dans la conversation, elle m'apprit que le marquis était mort, la nuit, de la petite-vérole. Comme je savais qu'il ne l'avait pas la veille, j'entendis ce que cela voulait dire, et je continuai ma route pour me rendre à Mondesir. J'allai tout en arrivant à l'appartement de la duchesse de M.....; et quoiqu'elle fût encore au lit, j'eus permission d'y entrer. Elle me demanda s'il y avait quelque chose de nouveau à Paris; je lui appris que le marquis d'Au.... était mort, la nuit, de la petite-vérole. « Ciel! que m'apprenez-vous, » me dit-elle? il n'a point été question de » sa petite-vérole; mais de quelque façon » qu'il soit mort, je sais qu'il n'a reçu que » ce qu'il méritait, et qu'il ne s'était rendu » que trop indigne de la façon dont je suis » encore touchée ». Effectivement, cette belle duchesse ne put lui refuser des larmes, et elle avait assez de confiance en moi pour se reprocher, en ma présence, d'avoir été la cause innocente d'une si triste catastrophe. Une autre aventure troubla encore la douceur de cette tranquille retraite, et se termina pourtant plus heureusement qu'elle n'eût dû faire.

Madame de B.... avait chez elle, outre ses femmes, quelques ouvrières qui travaillaient à des meubles pour sa petite maison. Il s'en trouva une parmi elles, qui avait si bien caché son état, qu'on ne s'était point apperçu qu'elle fût grosse, et prête d'accoucher. Pendant que nous dînions dans une salle qui avait un passage dans le jardin, et dans ce passage un petit cabinet de commodité, cette fille se trouva si pressée, qu'elle choisit ce cabinet même pour cacher le détestable crime de se délivrer et de se défaire en même temps du fruit de ses amours ou de son libertinage. Il y avait grande compagnie à la table du duc, et entr'autres, trois évêques. Personne n'entendit rien, et ne s'apperçut de ce qui se passait si près de nous. Mais au sortir de la table, quelqu'un de la compagnie ayant voulu passer dans ce cabinet, se trouva inondé d'eau, et ne tarda pas à entendre les cris de l'innocente victime qui survivait encore à la cruauté de sa mère. Le duc en fut averti; on employa promptement les ouvriers nécessaires, et le bonheur voulut que ce malheureux enfant fût retiré plein de vie de l'affreux sépulcre que sa mère lui avait choisi. Les trois prélats le baptisèrent sur-le-champ; et avant qu'on sût à qui il appartenait, la coupable était retournée à son ouvrage, et peut-être ne l'eût-on point reconnue, si un jardinier ne l'avait vue tirer plusieurs seaux d'eau au puits. Dès qu'elle fut décelée, elle avoua tout. M. le duc de B.... eut la charité, après qu'elle eut été bien réprimandée et exhortée par les trois évêques, de lui donner une voiture, et de la faire conduire à Paris, chez une sage-femme, et il se chargea lui-même de faire nourrir et élever ce malheureux et tout à la fois trop heureux enfant.

La seconde raison qui m'arrêta à Paris, je veux dire l'arrivée de la marquise de M..., m'y donna un peu plus d'occupation. Elle ne logeait point à l'hôtel de la F..., mais chez une des tantes de son mari, et qui portait le même nom que la marquise. Cette dame, c'est-à-dire, la comtesse de M...., logeait dans la rue des Rosiers, dans une assez belle maison ; et la marquise, sa nièce, y occupait un entresol qui avait une fenêtre assez basse sur la rue. La bonne tante était une femme revenue de la bagatelle, assez difficile à vivre ; et quoique j'eusse fait d'abord connaissance avec elle, elle n'en était que plus gênante pour nos entretiens secrets. J'avais beaucoup plus de liberté d'entretenir la marquise à l'hôtel de la F.... que chez elle-même. Cependant c'était encore une liberté qui eût été assez infructueuse, si elle ne nous eût servi à prendre d'autres rendez-vous. Les premiers furent chez moi-même, où j'étais seul, toute ma famille étant alors à la campagne ; mais nous fûmes bientôt obligés de chercher d'autres ressources pour une petite aventure qui déconcerta beaucoup la marquise.

La maison de campagne de mon père était très-voisine de Paris; et mon frère, qui s'était jeté dans la grande dévotion depuis son mariage, venait d'arriver à Paris sans que j'en fusse averti, pour assister à quelques pieux exercices, lorsque la marquise, que j'attendais, arriva. Elle avait ce jour-là tous les diamans de la duchesse, sa tante; elle était de la plus grande parure : et toutes ces richesses étaient arrivées chez moi dans un fiacre bien fermé. Mon frère fut ébloui, et en même temps très-mal édifié. Je ne sus qu'il avait été vu et rencontré de la marquise, que parce qu'il eut la malice de monter chez moi pour savoir de mes nouvelles. Il y fut mal reçu : mais la marquise, qui ne le connaissait point, sut alors que c'était mon frère; elle en fut outrée de douleur, et ne voulut plus se fier à un asyle qui lui parut trop peu sûr. Nous ne pouvions avoir recours que rarement à de petites parties de campagne, parce que la marquise était comptable de toutes ses soirées, ou à l'hôtel de la F..., ou chez la comtesse. Toutes ces extrémités nous ouvrirent les yeux sur l'entresol et sur la facilité d'y monter et d'en descendre. J'en fis plusieurs épreuves qui me réussirent, au moyen d'une échelle qu'on descendait de la fenêtre à mon signal. Mais enfin je pensai y être pris une belle nuit par le guet, qui me vit monter. Il fallut que la femme-de-chambre parlementât, et que je sacrifiasse un couple de louis à cette canaille pour l'empêcher de frapper à la porte, ce qui eût fait un bel esclandre chez la comtesse. Nous leur fîmes entendre que j'étais de la maison, que le portier avait remis les clefs, et tout ce qui nous vint dans la tête; mais ils veillèrent et gardèrent la fenêtre jusqu'au jour, en sorte qu'il me fut impossible de sortir que le lendemain au soir. Pour me consoler de ma prison, la marquise joua la migraine, et sous prétexte de se reposer, passa toute l'après-

dînée avec moi. Depuis ce jour fatal, nous eûmes peu d'occasions de nous revoir tête-à-tête; et le temps arriva enfin où je fus obligé de retourner à Eu... Ce fut sur la fin de novembre; j'y trouvai madame *** assez mal d'une couche qu'elle avait faite peu de jours avant mon retour. Ma chère mademoiselle du Jar.... lui tenait fidèle compagnie; mais je trouvai aussi sa santé fort altérée, soit l'air du pays, soit sa propre délicatesse. Sa poitrine n'était pas en trop bon état; sa tendresse pour moi n'en était pas diminuée, et la santé de madame *** s'étant peu à peu rétablie, nous passâmes l'hiver et le printemps dans la meilleure et la
1719. plus douce intelligence. Mais à la fin de cette saison critique pour les personnes attaquées de la poitrine, mademoiselle du Jar.... tomba dans un tel dépérissement, que les médecins commencèrent à craindre pour sa vie, et qu'on lui persuada enfin, malgré son opposition, d'aller pour quelque temps reprendre son air natal. J'avais autant de peine qu'elle-même à lui voir

prendre cette résolution ; mais la nécessité de son état nous obligea tous deux d'y consentir. Elle partit dans ma chaise avec mes chevaux et mes gens ; nos adieux furent aussi tendres et aussi douloureux que si nous avions pénétré tous deux dans l'avenir. Le voyage que le duc de B..... fit cette même année à Na...., donna quelque distraction à ma douleur. Madame *** y contribua mieux encore, et je reçus des preuves si généreuses de la grandeur de son attachement et de son amitié pour moi, qu'il ne m'eût pas été possible d'y être insensible. Au commencement de septembre, il se répandit dans la ville et dans la campagne une dyssenterie contagieuse qui enleva beaucoup de monde dans Eu..... et dans les environs : elle obligea le duc et sa cour de retourner à Paris plus tôt que de coutume. Outre ce que la douleur avait pris sur moi, je portais depuis cinq à six ans une petite incommodité que j'avais fait visiter l'année précédente, et qu'on m'avait déclaré être une fistule de peu de conséquence alors, et que Thibaut, premier chirurgien de l'Hôtel-Dieu, m'avait dit que je pouvais peut-être porter pendant vingt ans sans danger, pourvu qu'elle ne se fermât point. Cette inquiétude jointe à ce que j'avais pris sur moi, à la qualité de l'air et des eaux du pays, me causa sans doute la maladie considérable dont je fus attaqué. Dès que je fus alité, et que madame *** eut appris de mon médecin que ma maladie était dangereuse, cette courageuse amie, toute jeune qu'elle était, sans s'embarrasser des bruits et des discours, toujours médisants dans la province, engagea son mari à venir s'établir avec elle dans ma maison. Elle lui fit entendre qu'il eût été inhumain d'abandonner un ami à la discrétion des valets; elle vint avec son mari à mon secours, et sans être effrayée du mauvais air, ni rebutée de mes maux, non plus que de l'humeur qui en est inséparable, elle se voua à me servir comme une garde, n'en voulant point d'autre qu'elle auprès de moi. Son amitié et ses soins me rendirent la vie; mon cœur lui jura dès ce moment toute la part qu'elle méritait dans ma tendresse et dans ma reconnaissance, et je me serais tenu heureux de pouvoir dès lors lui consacrer une vie que je ne devais qu'à ses attentions également tendres et éclairées. Je n'étais encore que convalescent, lorsque mon frère vint me trouver à Eu.... pour me reconduire à Paris. Il fut encore témoin des soins de monsieur et madame ***, et il leur marqua la part que lui et toute ma famille prendraient à ma reconnaissance. Je partis avec lui, et peu de jours après que j'y fus arrivé, monsieur et madame *** m'y suivirent. Il y avait déjà du temps que, prévoyant que je quitterais bientôt la province, je leur avais inspiré le dessein de venir s'établir à Paris; et le système de Law, qui était alors dans sa grande force, fut un nouvel aiguillon pour les engager à venir du moins sonder le terrain pendant quelques mois. Toute ma famille s'empressa à leur donner des marques d'amitié et de reconnaissance.

J'étais encore très-faible, et je songeai à me remettre et à gagner des forces qui m'étaient nécessaires pour soutenir l'opération à laquelle j'étais bien résolu. Ce fut le même M. Thibaut dont je viens de vous parler, qui me fit cette opération avec toute l'habileté et tout le succès qu'on pouvait attendre d'un homme si fameux et si consommé dans son art. Tant que durèrent mes pansements, monsieur et madame *** me tinrent presque aussi fidèle compagnie qu'ils me l'avaient tenue à Eu.... Ils avaient pris, pendant leur voyage, tous les arrangements nécessaires pour venir demeurer à Paris l'année suivante; mais ils furent obligés de partir avant moi pour retourner à Eu..., mettre ordre à leurs affaires. Toutes les misères dont je viens de vous entretenir ne furent pas les seules douleurs que j'eus à soutenir dans cette cruelle année. Avant de tomber malade, j'avais écrit à mademoiselle du Jar......; j'en avais reçu des réponses consolantes sur sa santé. Lorsque je fus attaqué de ma première maladie, je lui écrivis que j'allais faire un voyage, et je la priai de ne me point écrire que je ne lui donnasse moi-même de mes nouvelles. Je ne lui récrivis qu'à mon arrivée à Paris; je lui apprenais la vérité de mon état, et que j'allais me faire faire l'opération. Je la priais de me donner de ses nouvelles à Paris, mais je n'en reçus aucunes. Enfin, après sept semaines passées dans mon lit, je lui écrivis encore pour me plaindre de son silence. Mais, hélas ! elle n'avait garde de me répondre; et lorsque sa sœur me fit réponse à cette dernière, elle m'apprit qu'elle n'était plus depuis plus de deux mois, et que sa famille, informée de mon état par mes lettres, n'avait pas jugé à propos de m'en instruire dans un temps où ma santé eût pu être considérablement altérée par une nouvelle si triste. J'eus bien lieu de penser qu'ils avaient eu raison, par la façon dont je fus affecté de cette triste nouvelle. Il fallait être aussi dégagé de toute humeur que je l'étais alors pour éviter la révolution qu'un événement si cruel devait faire naturellement dans moi.

1720. Je retournai à Eu... à la fin de janvier; j'y trouvai madame *** extrêmement irritée contre moi. L'abbé de C..., cet ami que j'avais choisi de préférence dans le chapitre d'Eu..., cet ami, qui était l'amant de mademoiselle le Cl...., enfin cet ami que j'avais depuis logé et nourri chez moi, et qui avait été nécessairement admis dans la confidence de mon amour pour mademoiselle du Jar..., avait eu l'indiscrétion de révéler ce secret à madame ***. Le caractère de son ame, que vous connaissez déjà, la portait à s'offenser plus du mystère que de l'infidélité que je lui avais faite. Aussi, dès que je l'eus mise au fait du caractère des engagements que j'avais eus avec mademoiselle du Jar...., qui avaient précédé ceux que j'avais pris avec elle; quand je lui eus appris que cette malheureuse rivale ne vivait plus, elle revint à moi plus tendre que jamais, et je lui vouai de mon côté une tendresse sincère et éternelle: et si j'ai manqué depuis à ce vœu par des infidélités passagères, elle n'a du moins rien eu à reprocher à la constance de mes sentiments, ni à la durée d'un attachement qui subsiste encore plus solide que jamais ; l'estime réciproque, et la plus tendre amitié s'étant insensiblement élevées sur les ruines d'une passion qui ne subsiste plus. Je vous parle de ceci une fois pour tout, afin de n'être plus obligé d'interrompre le fil de mes autres narrations.

L'abbé de C...., dont je viens de vous parler par rapport à son indiscrétion, en fit une d'un caractère bien plus dangereux pour lui-même, dans la conduite qu'il tint avec sa maîtresse mademoiselle le Cl....; et celle-ci pensa m'être encore plus funeste, et ne l'a du moins été que par rapport à ma fortune.

La jeune mademoiselle le Cl...., dont je vous ai fait le portrait dans ma cinquième lettre, était d'une coquetterie singulière pour la province ; elle avait fait nombre d'infidélités à l'abbé de C..., et surtout pendant une absence de quelques mois. Les suites en furent d'autant plus fâcheuses pour elle, que se trouvant dans un état que l'exact calcul ne pouvait pas mettre sur le compte de l'abbé de C..., elle ne laissa pas d'attendre encore quelque temps après son retour à Eu... pour le lui déclarer, ce qui donnait à son malheur une époque plus fraîche de près de quatre mois que la véritable. L'abbé de C...., à qui j'avais pardonné sa première indiscrétion, différa lui-même à me mettre dans sa confidence. Comme je devais partir pour Paris à la fin de septembre, il comptait avoir du temps de reste, et j'en jugeai de même quand il m'eut enfin découvert ce petit mystère. Je lui promis de m'employer, à mon retour à Paris, pour trouver une retraite dans laquelle sa belle pût secrètement se défaire de ce qui l'embarrassait. Ainsi nous étions lui et moi dans une grande sécurité, quand un beau matin on vint nous apprendre que mademoiselle le Cl... se mourait d'une attaque de douleurs et de convulsions d'une violence extrême. Toutes les voisines y coururent en foule; les médecins y furent appelés, et l'abbé qui craignait que leur ignorance sur son état ne leur fît faire quelque quiproquo, en avertit un en secret de l'état de la malade. Mais elle fut plus indiscrète que lui ; car dans le temps qu'on consultait, un beau nouveau-né vint mêler ses cris enfantins à ceux de tout le voisinage présent, et à ceux de toute la famille alarmée qui se trouva accrue, sans s'en être doutée. Cet événement fut su dans un instant de toute la ville; nous en fûmes plutôt informés que personne, mon ami et moi, d'autant plus que la scène se passait vis-à-vis de ma maison. Nous sûmes aussi que ce bel enfant n'était nullement un avorton de cinq mois, mais qu'il avait la perfection entière que neuf mois avaient pu lui donner. Je pris occasion de cette circonstance, et des calculs de mon ami, sur la longueur de son absence et sur son retour, pour lui persuader qu'il ne devait prendre aucune part aux suites d'un pareil accident, ni à une personne capable de l'avoir trompé si vilainement. Il me parut si bien persuadé de mes raisons, et si déterminé à ne plus revoir cette fille, et à ne se mêler jamais de ce qui pourrait la regarder, que je crus pouvoir partir dans la plus grande confiance. Je me disposai donc à mon départ, mais une nouvelle aventure me fit différer de quelques jours. Il n'y en avait que neuf que le premier accident était arrivé, et dès le matin du dixième, on fut instruit dans la ville que mademoiselle le Cl..... était sortie la nuit de la maison de son père, sans qu'on sût ce qu'elle était devenue. Je tremblai que l'abbé de C..... n'eût part à cette évasion; je lui en parlai avec chaleur, mais il me nia le fait d'un air si naturel, que sa propre inquiétude, dont je jugeais mal, et les vaines perquisitions que fit sa famille, me persuadèrent, comme l'abbé me l'avait donné à entendre, que ses parents eux-mêmes l'avaient reléguée dans quelque couvent. Cette conduite de leur part avait un si grand air de vraisemblance, qu'elle me tranquillisa plus encore que les assurances que l'abbé me donnait, de ne revoir jamais celle qui l'avait si cruellement trompé.

Je revins donc à Paris au commencement d'octobre ; M. *** m'y avait devancé de quelques mois, et madame *** ne tarda pas à m'y suivre pour y fixer tout à fait leur demeure. Je pris bien aussi dès lors la résolution d'abandonner la ville d'Eu..., et de n'y retourner que pour y régler en peu de jours mes affaires. Cette résolution fut dans la suite bien confirmée par quelques incidents dont je vous informerai successivement. Le premier qui m'y détermina, ce fut la nouvelle que j'eus par un homme de mes amis, que l'évêque d'Eu..., depuis long-temps jaloux des distinctions que je recevais de toute la maison de B..., préférablement à lui, avait eu la lâcheté de me faire soupçonner de l'enlèvement de mademoiselle le Cl..., quoiqu'avant mon départ je l'eusse mis bien au fait de toute cette intrigue, dans laquelle un jeune chanoine janséniste et appelant, devait avoir la meilleure part. Je méprisai trop l'indigne procédé de ce prélat, puisqu'il m'a fait tort dans la suite auprès des personnes chez qui les discours d'un prélat réputé homme de bien, prènent plus de faveur que ceux de la vérité même, et à plus forte raison quand elle ne pense pas à se défendre. Cette circonstance me fit donc accepter les lettres, et le titre de vicaire-général de M. l'abbé d'An..., qui avait été depuis peu nommé archevêque de Vienne, et qui connaissant mes liaisons intimes avec le prince Frédéric son frère, et toute sa maison, voulut bien m'offrir ces marques de sa confiance. J'en gardai le secret jusqu'à ce que j'eusse fait un dernier voyage à Eu...., pour l'arrangement des affaires qui m'y restaient. Une nouvelle raison de m'éloigner de cette ville, vint au secours de cette première. Un parent de l'abbé de C... m'écrivit qu'il avait tout lieu de soupçonner que cet abbé avait eu part à l'évasion de mademoiselle le Cl...., et qu'il croyait que depuis mon départ il la tenait cachée dans ma maison où il logeait, et dont je l'avais laissé maître. J'en écrivis sur-le-champ et très-amèrement à l'abbé, qui ne se contenta pas de me répondre, mais qui fit exprès un voyage à Paris pour m'assurer que cette demoiselle n'avait jamais mis les pieds chez moi; qu'à la vérité il avait eu de ses nouvelles, et qu'elle était retirée dans un couvent à l'insu de sa famille, où il payait lui-même sa pension. Cette déclaration que je devais croire sincère me tranquillisa, et je laissai repartir l'abbé avec les seules remontrances que je lui fis sur les embarras qu'il se préparait pour une personne qui le méritait si peu : cette tranquillité qu'il m'avait donnée fut troublée par de nouveaux avis, dont je vous apprendrai les suites l'ordinaire prochain.

Je suis, etc.

HUITIÈME LETTRE.

1721. Je vous ai dit, monsieur, que j'avais encore reçu de nouveaux avis d'un parent de monsieur l'abbé de C...., par lesquels il s'obstinait à me dire que, quoiqu'il n'eût pas vu la demoiselle le Cl..... chez moi, il y avait pourtant toute apparence qu'elle y était; qu'outre la vie retirée que menait l'abbé depuis mon départ et contre sa coutume, il se répandait un bruit sourd dans la ville, que cette fille était cachée dans ma maison, et que ces circonstances réunies lui faisaient croire ses soupçons bien fondés. A ce second avertissement, je ne me contentai point d'écrire à l'abbé; j'écrivis aussi à son frère, l'avocat-général à V...; je le priai de venir voir son frère à Eu..., sans l'en prévenir, et de faire une exacte perquisition dans ma maison : tout cela fut exécuté, et je reçus des deux frères de nouvelles assurances qui devaient me mettre l'esprit en repos. Elles le firent en effet, et je me contentai d'écrire encore un mot à l'abbé de C...., quelques jours avant mon départ, c'est-à-dire sur la fin du carême. Je lui mandais que j'étais persuadé de la vérité de tout ce qu'il m'avait dit et écrit; mais qu'au cas qu'il m'en eût imposé, je le priais de s'arranger de façon que je ne trouvasse point chez moi la personne en question. Je croyais cette précaution peu nécessaire; mais à tout hasard, je la jugeai suffisante, et je me rendis quelques jours après à Eu...

Vous avez vu, monsieur, dans ma précédente, les raisons que j'avais de me plaindre de l'évêque d'Eu.... J'appris encore en arrivant que ce prélat avait dit à quelques personnes qu'il n'attendait que mon retour pour me faire signifier, par un huissier, la révocation de mes lettres de grand-vicaire et d'official. Sur cet avis, je remis la visite que je voulais lui faire, au lendemain; je me contentai de le faire avertir de mon retour par mon valet-de-chambre, en lui faisant dire que j'étais fatigué, et que j'aurais l'honneur de le voir le lendemain matin; j'eus soin en même temps de faire prier deux des plus considérables du chapitre et mon promoteur, de se trouver chez l'évêque à neuf heures. J'étais bien aise qu'il s'y rencontrât des témoins d'une explication que je croyais devoir être très-vive de part et d'autre. Ces trois messieurs se trouvèrent chez le prélat avant moi; j'y entrai avec ma liberté accoutumée, et avec une contenance très-assurée; le prélat perdit ce qu'il en avait; il devint pâle et tremblant à mon aspect, et il eut à peine la force de me faire quelques questions sur les nouvelles de la cour et de la ville; j'y satisfis sans me démonter, du même air d'aisance que j'avais toujours eu avec lui. Ensuite je lui dis que je n'étais venu à Eu.... que pour le remercier de ses anciennes bontés, et lui remettre moi-même toutes les lettres et pouvoirs que j'avais reçus de lui comme de précieuses marques de sa confiance. (En lui parlant ainsi, j'avais remis sur son bureau mes lettres de vicaire-général, d'official et de supérieur-général des communautés religieuses de son diocèse). A ces mots, il fut encore plus interdit et plus confus qu'il ne l'avait été. — Eh! quoi, monsieur, s'écria-t-il, d'un air embarrassé, est-ce que vous voulez me quitter, et aurais-je démérité auprès de vous, de façon à vous faire soupçonner quelque changement dans cette confiance que j'ai toujours eue en vous, et dont vous voulez me remettre les preuves?.... Monseigneur, lui répondis-je, j'ai pensé qu'il serait plus honnête et plus convenable, pour vous et pour moi, que vous les reçussiez de ma main, que de celle d'un huissier. — Comment donc, monsieur, me répondit-il, de la main d'un huissier! Et qui a pu vous tenir un discours de la sorte, ajouta-t-il, en regardant un des trois témoins de notre conversation, auquel il avait fait cette belle confidence. — Croyez, je vous prie, monsieur, qu'on vous en a imposé; je suis si éloigné d'avoir eu cette pensée, que je vous prie instamment, en présence de ces messieurs, de reprendre ces lettres, que je ne recevrai jamais, et de continuer d'en faire usage; mon diocèse et moi, nous avons trop à nous louer de votre administration, pour que je ne vous demande pas en son nom et au mien de la continuer.

J'étais assez content de cette palinodie de l'évêque, pour croire que je devais alors le remercier; je le fis, mais en même temps, j'insistai pour qu'il reprît ses lettres et pouvoirs, et lui déclarai qu'il me serait impossible d'en faire désormais aucun usage, étant dans la nécessité de répondre à la confiance de l'archevêque de V...., dont je lui fis voir les preuves authentiques. Il convint que j'avais raison de m'attacher à un prince de la maison de B...., qui m'avait marqué des bontés si distinguées. « Mais comme je prévois, me dit-il, que » vous viendrez encore quelquefois en ce » pays, avec les princes de cette maison,

» j'exige au moins, pour dernière marque
» de votre amitié pour moi, que vous
» conserviez tous vos pouvoirs, et que
» vous en usiez toutes les fois que vous
» le jugerez à propos : il fut obéi ».

Je vous ai fait part ici de cette conversation, parce qu'étant, comme elle le fut, répandue par mes trois témoins dans toute la ville, elle fit cesser bien des mauvais propos qui pouvaient me faire tort, et mit tous les rieurs de mon côté. Pendant trois semaines que j'employai à arranger mes affaires, sans compter celles de l'abbé de C...., dont je vais vous parler, j'affectai de manger très-souvent chez l'évêque, et je n'y avais jamais été reçu avec plus de distinction et de confiance. Les premiers huit jours que je passai de la sorte, je ne m'apperçus d'aucun changement chez moi qui pût me faire soupçonner que l'abbé de C.... n'eût pas été sincère dans tout ce qu'il m'avait dit et écrit. Mais enfin, me promenant un jour seul dans mon jardin, je remarquai qu'on avait fait mettre en mon absence, une fenêtre vitrée à une espèce de petit grenier, qui était adossé à la chambre de l'abbé de C...., lequel avait autrefois servi à faire une volière de pigeons, où l'on ne pouvait monter qu'avec une échelle, n'ayant point de communication avec l'appartement que j'avais donné à l'abbé dans ma maison. Cette nouveauté me surprit, et je remis au lendemain à m'éclaircir plus amplement dans le temps que l'abbé serait à l'église. Je ne lui fis rien paraître de l'observation que j'avais faite, ni de mes soupçons. Dès qu'il fut sorti le lendemain, j'entrai dans son appartement, et je trouvai dans la ruelle de son lit une porte aussi neuve pour moi, que la fenêtre que j'avais vue la veille. Je me retirai sans bruit; j'appelai celui de mes gens auquel je me fiais le plus; je l'interrogeai, il en savait moins que moi; mais il me dit qu'il avait déjà remarqué qu'un de ses camarades, que j'avais laissé à Eu.... avec mon cuisinier (car vous saurez que pendant mes absences, ma maison allait toujours son train pour l'abbé de C.... qui y vivait à mes dépens.), il m'apprit, dis-je, qu'il avait vu souvent ce domestique mettre à part quelques provisions, mais qu'il ignorait l'usage qu'il en faisait. Il ne m'en fallut pas davantage : je pris ce domestique en particulier ; je le menaçai, il me demanda pardon, et me confia la clef de cette porte nouvellement construite : j'y remontai sur-le-champ pour m'assurer moi-même de l'impudente trahison de l'abbé de C.... Je tentai, avec assez de précaution, d'ouvrir cette porte fatale, mais je la trouvai fermée en dedans. Celle qui y était renfermée crut que c'était l'abbé de C..... ; elle vint auprès de la porte et dit à demi-voix : « A quoi penses-tu ? ton » ami est assurément au logis ; veux-tu » nous perdre? laisse-moi, je ne t'ouvrirai » point ». Je répondis à basse voix, comme elle : Ouvre, ne crains rien..... ; elle obéit. Quel spectacle et pour elle et pour moi ! Sa surprise fut sans doute plus grande que la mienne, et devait l'être : elle fut en effet si saisie, qu'elle ne put faire qu'un cri, et tomba sans connaissance sur son lit, qu'elle n'avait quitté que dans le moment où elle avait entendu mettre la clef dans la serrure. Jugez dans quel état elle s'offrait alors à ma vue. Malgré toute ma colère, la compassion trouva place dans mon cœur, je ne pensai plus qu'à la secourir et à la rappeler à la connaissance; j'y parvins assez difficilement, et ce fut peut-être un bonheur et pour elle et pour moi; car la pitié ayant eu le temps de prendre racine dans mon ame attendrie et effrayée, j'eus moins de peine à me laisser fléchir et pour elle et pour son complice. Il est vrai que j'exigeai d'elle qu'elle partirait dans les vingt-quatre heures de chez moi. Il me parut que plus de six mois de retraite, quoiqu'avec son amant, l'avaient disposée à recevoir cet ordre sans aucune répugnance. Cette scène était à peine finie, et la porte refermée, quand l'abbé revint. Il ne se doutait de rien : je ne lui donnai pas le temps d'apprendre ce qui s'était passé. J'entrai aussitôt que lui dans sa chambre ; j'étais encore ému, et je lui parus soucieux ; il m'en demanda la cause. Comme je voulais jouir de tout son embarras, je lui dis que je l'étais en effet ; que le bruit courait plus que jamais dans la ville, que madame le Cl..... était cachée chez moi ; mais qu'étant sûr du contraire, comme je l'étais, j'étais résolu d'envoyer le même jour chercher ses parents, et de faire en même temps avertir le juge de police, et plusieurs témoins, pour faire, en ma présence, une perquisition exacte dans toute ma maison ; que je croyais cette formalité nécessaire pour son honneur et pour le mien. Le pauvre abbé pâlit, et pensa se trouver mal. Je lui en demandai la cause, et pour toute réponse il tomba à mes genoux en versant un torrent de larmes. Comme c'eût été me trahir moi-même que de trahir son secret, je me contentai de lui faire les plus vifs reproches ; je ne voulais que le confondre, et je me rendis bientôt à son repentir et à ses prières, mais aux mêmes conditions qu'il avait exigées de sa belle. Ces conditions furent acceptées ; j'appelai la pauvre captive, et l'arrangement fut pris sur-le-champ pour son départ, qui fut arrêté pour la nuit du lendemain : elle partit déguisée en homme, accompagnée d'un de mes gens, et je l'adressai à Paris à un homme qui m'avait servi, chez lequel elle devait m'attendre. Je l'y trouvai en effet quinze jours après ; elle souhaita de changer de demeure ; un de mes amis lui en procura une chez une femme de sa connaissance, où elle fit elle-même la rencontre d'un marquis qui l'emmena en Poitou, pour y être gouvernante de sa fille, et ce fut ainsi que je m'en débarrassai. Il est vrai que quelques aventures qui lui arrivèrent depuis, m'obligèrent encore à me mêler de ses affaires; mais ce fut pour lui faire abandonner successivement deux villes où elle s'était réfugiée dans le voisinage de mon abbaye.

Je retournai avec plaisir à Paris ; monsieur et madame *** y étaient ; je partageai presque tout mon temps entre leur maison, l'hôtel de B.... et celui de l'archevêque de Vienne, où le prince Frédéric son frère, et je puis dire mon ami, vivait alors. Ce dernier m'engagea un jour dans une partie qui me fit faire une dangereuse, mais très-serviable connaissance. Il me mena passer une soirée chez une madame d'Aub.... qui était la surintendante de ses plaisirs. J'y fus introduit sans savoir de quoi il était question, mais je n'en sortis pas de même. J'avoue à ma honte, que la propreté du lieu, la politesse de la maîtresse de la maison, le bon ton et le bon air de la compagnie qu'on nous y donna, me fit trop revenir de l'horreur que j'avais conservée pour ces maisons commodes. Je cultivai cette brave et honnête dame, et elle me rendit dans la suite des services assez singuliers dont j'aurai peut-être occasion de vous parler. Je revins à la maison de B...., au commencement de l'automne. Le vieux duc mourut, et avait demandé d'être porté à Eu... M. le duc son fils, qui me faisait l'honneur de m'aimer, et d'avoir confiance en moi, me pria d'accompagner le prince son second fils à Eu...., où il alla rendre les derniers honneurs à son aïeul. Ce voyage me brouilla de plus belle avec l'évêque; il eut les procédés les plus étranges par rapport à cette lugubre cérémonie. Je voulus le lui remontrer, et engager malgré lui son clergé à faire ce qu'il devait certainement pour la célébrité de cette pompe funèbre; mais l'évêque, piqué de mes remontrances et de la bonne volonté de ses prêtres et curés, s'opiniâtra de façon que le corps du duc fut conduit de la cathédrale, où on l'avait descendu, jusqu'à l'abbaye des Bénédictins, n'ayant pour tout cortège que son aumônier, la bourgeoisie sous les armes, et les domestiques de sa maison. Cette aventure mit l'évêque d'Eu.... fort mal avec toute la maison de B..... Le jeune prince qui était descendu la veille chez l'évêque, ne voulut point s'y arrêter un instant après la cérémonie, et nous reprîmes sur-le-champ la route de Paris, où je continuai de cultiver mes anciennes liaisons, jusqu'au commencement de l'année 1722. suivante, que je fus engagé par M. l'évêque de Soissons à reprendre pour quelques jours le métier de missionnaire. J'allai donc faire à Compiègne l'ouverture du Jubilé, et j'y passai quinze jours dans les fonctions évangéliques, que je partageai avec l'abbé de la Farre, qui a été ensuite évêque de Laon, c'est-à-dire, que je pris pour moi le ministère de la parole, et lui laissai le tribunal de la pénitence, qui lui eût attiré une affaire bien sérieuse, si je ne m'étais entremis pour le raccommoder avec les Jésuites auxquels il avait interdit toutes fonctions chez les Carmelites, à l'occasion d'une jeune religieuse dont il voulait enlever la direction à ces pères. A peine je fus de retour de ce voyage, que le prince Frédéric d'Auvergne m'en proposa un plus agréable et bien plus de mon goût. Il était question d'aller passer avec lui environ six mois à Strasbourg; je m'y engageai avec plaisir, et je partis quelques jours après lui pour m'y rendre. Si je n'eus pas d'aventures sur ma route, je ne tardai pas d'en trouver à mon arrivée. J'allai descendre chez le prince; je ne le trouvai point, mais ses gens avaient ordre de me conduire, en descendant de ma chaise, dans la maison où il devait souper, et où j'étais attendu. C'était chez une dame chanoinesse avec laquelle il était en liaison très-étroite. Je les trouvai tête à tête; notre souper fut fort gai. La belle chanoinesse ne jugea pas qu'il fût nécessaire de faire la bégueule pour un nouveau venu, sur la galanterie et sur la discrétion duquel je m'apperçus qu'elle était avantageusement prévenue; aussi nous vécûmes dès cette première entrevue, comme si nous eussions toujours vécu ensemble; et cette aimable dame débuta par dire à son amant que je n'étais point fait pour garder les manteaux, et qu'il fallait au plutôt me pourvoir d'une maîtresse qui mît plus de symétrie dans nos parties. La chanoinesse proposa sur-le-champ une jeune et aimable dame, que la retraite toute fraîche d'un amant d'importance laissait vacante. Il fut arrêté dans notre petit conseil, que je lui serais présenté le lendemain. La chanoinesse devait s'y rendre la première pour la prévenir, et le prince devait m'y présenter. On ne doutait point que je ne fusse du goût de la dame, et il était question de savoir si elle serait du mien. Sur le portrait qu'on m'en avait fait, je n'étais pas tourmenté par le même doute. Tel fut donc notre ordre de bataille: je fus présenté chez la dame l'après-dîner du lendemain de mon arrivée; j'y trouvai la chanoinesse et la dame en question seules; celle-ci était sur une chaise longue dans le plus galant négligé, d'un beau satin blanc, relevé d'une infinité de rubans couleur de rose, et avait assez l'air d'une princesse abandonnée. L'air de langueur qui faisait en ce moment le caractère de sa physionomie, n'ôtait rien à la vivacité de ses yeux, non plus que la blancheur de son ajustement à la fraîcheur et à l'éclat de son teint. Après les premiers compliments qui ne furent que de civilités, on nous laissa, par une conversation générale, le loisir de nous examiner réciproquement. Je sais que pour moi j'étais très-content de mon examen; mais la vive chanoinesse qui brûlait de faire finir la sécheresse de notre entretien, après avoir parlé deux ou trois fois dans l'oreille de son amie, vint à moi, et me demanda en secret si j'étais content, et si j'aurais quelque peine à me déterminer au choix qu'elle avait fait pour moi. J'élevai assez ma voix pour que ma réponse fût entendue de la dame, et je la vis rougir. « Je n'ai rien » vu de si beau de ma vie, dis-je à la cha- » noinesse, mais je ne sais si je vous pardon- » nerai jamais le secours que vous avez voulu » me prêter; le hasard m'eût fait connaître » tant de charmes, j'aurais dû à mes soins » l'avantage de plaire, et peut-être à ma té- » mérité, celui d'être heureux.... » La cha- noinesse partit de là par une exclamation à laquelle ni la dame ni moi nous ne nous attendions pas sans doute. « Ah prince! » dit-elle en le prenant par le bras, sau-

» vons-nous, votre ami devient furieux, » je ne sais ce qui en arrivera ». Madame, c'est votre affaire, dit-elle en s'adressant à cette dame. Mais vous n'y pensez pas, répliqua celle-ci, voyant qu'en effet on la laissait seule avec moi. « Comment, faible » comme je suis, vous me laissez sans dé- » fense! que vais-je donc devenir?... Heu- » reux, lui dis-je en embrassant ses genoux, » si j'ai le bonheur de vous plaire, mais » sûrement maîtresse souveraine de tous » mes transports....—Mais en vérité, mon- » sieur, me dit cette aimable dame, ceci » est sans exemple.... Il est vrai, dis-je, mais » aussi ne s'est-il jamais trouvé tant de » beauté et tant d'amour ». Le combat ne fut pas long, je persuadai à la dame que de longues épreuves n'augmenteraient rien à ses charmes ni à ma passion ; elle en fut enfin convaincue, et traita celle que je lui faisais voir en passion bien éprouvée. Rien ne troubla, pendant près de trois semaines, un commerce qui s'était lié si vivement, et qui se soutenait avec la même vivacité.

Mais enfin cet amant d'importance qui avait quitté la partie, et chez lequel j'avais soupé quelquefois avec son Ariane, s'avisa de se reprendre de goût pour elle, à mesure qu'il crût s'appercevoir qu'elle oubliait en ma faveur celui qu'elle avait eu pour lui, et voici comme j'en fus instruit. La dame me dit un soir, en sortant de souper ensemble, qu'elle me priait instamment de me trouver le lendemain chez elle à deux heures après-midi. Je m'acheminai seul pour m'y rendre à l'heure marquée. Comme je n'étais plus qu'à cent pas de sa maison, j'y vis arriver du côté opposé, et à peu près à même distance, son premier amant sans suite. Je ralentis ma marche, voulant éviter qu'il me vît entrer chez elle; mais je fus pris pour dupe, car il y entra lui-même. J'en fus d'abord plus surpris que piqué. J'hésitai, puis prenant mon parti, j'entrai un instant après lui. Parvenu à l'appartement de la dame, je trouvai le même laquais qui avait coutume de m'y introduire; mais il me reçut moins bien qu'à l'ordinaire, et me dit que sa maîtresse était sortie. Je ne fis aucun semblant de savoir le contraire; je lui montrai ma montre, en lui disant : regarde l'heure qu'il est, et dis à ta maîtresse que je suis venu à deux heures précises; dis-lui aussi de ma part qu'elle arrange mieux une autre fois ses rendez-vous. Je partis de là un peu fâché, mais pour me dépiquer, j'allai chez madame la baronne de Bar.... C'était une femme de condition des mieux faites, avec laquelle j'avais fait connaissance depuis peu de jours. J'entrepris dès ce moment de lui plaire, et si je ne trouvai pas les mêmes facilités, du moins ne m'opposa-t-on d'entrée de jeu que mon goût pour la dame qui venait de me donner mon congé, et la crainte de mon inconstance. Je me résolus de vaincre ces obstacles qui ne me parurent et ne furent pas en effet insurmontables. Celui qui venait de reprendre ses droits sur ma première conquête, voulut contribuer à m'assurer la seconde. Le jour même qu'il m'avait prévenu de quelques minutes chez son ancienne maîtresse, je soupai chez lui, et m'ayant pris en particulier, il me demanda, d'un air libre et enjoué, comment je trouvais les dames à Strasbourg. « Fort aimables, lui » dis-je, mais peu exactes. Eh bien, me » répondit-il, j'ai un avis à vous donner, » monsieur ; vous êtes encore tout neuf en » ce pays-ci, mais lorsqu'une dame vous » donnera rendez-vous à deux heures, trou» vez-vous chez elle à une heure et demie. » Si vous en eussiez été averti plus tôt, vous » seriez entré aujourd'hui dans une certaine » maison, et l'on m'en eût fermé la porte. » Fort bien, lui dis-je, je vois que les dames » ici ne sont pas plus discrètes que scrupu» leuses sur l'heure de leurs rendez-vous ; » me voilà averti, mais je n'en prendrai » plus dans la maison dont vous me par» lez..... Vous êtes trop bon, me répondit» il, mais vous ne chômerez pas long» temps. Je vous ai plaint cet après-dîner, » car que devenir à deux heures? Ma foi, » lui dis-je, j'ai été chez madame la baronne

» de Bar....., elle est aimable, elle a de » l'esprit, et je m'y suis fort amusé......
» Mais vraiment, me dit-il, vous avez rai» son; je ne sais pourquoi cette jeune veuve » vit si retirée, et pourquoi elle ne vient » jamais souper chez moi..... J'irai l'en » prier en cérémonie, et je suis persuadé » que de votre côté vous aurez plus de » talent que moi pour l'y engager, et que » vous voudrez bien vous y employer ».
En effet, sa visite et mes sollicitations eurent un plein succès dès le lendemain, et les soupers fréquents que nous fîmes ensemble, abrégèrent le cérémonial. Ce fut alors la baronne qui fut admise dans les parties quarrées que la chanoinesse et son prince faisaient souvent servir d'intermède aux repas d'apparat que nous ne trouvions que trop fréquents.... Deux bonnes fortunes aussi rapides dans une ville comme Strasbourg, où tout respirait alors la volupté, étaient plus que suffisantes pour mettre un nouveau débarqué en crédit, et je m'en apperçus; mais il faut avouer que dans le

temps dont je parle, quelque belles que fussent ce qu'on appèle les dames d'une certaine distinction, elles n'approchaient point encore de l'état des bourgeoises et des grisettes. C'étaient partout des teints de lys et de roses, des tailles admirables, des yeux d'une beauté singulière, vifs, tendres et agaçants, les plus beaux cheveux du monde en longues cadenettes, les plus belles jambes, les plus jolis pieds, que de courtes jupes et une chaussure très-galante et très-propre laissaient admirer. Le moyen d'être fidèle à des engagements sérieux au milieu de tant de dangers! Une aventure très-périlleuse à laquelle je fus exposé, eût certainement mis en défaut une constance plus ferme et plus éprouvée que la mienne. Aussi j'avoue que la fidélité que j'avais promise à ma belle et tendre baronne, en reçut plus d'une atteinte. Voici, monsieur, quel en fut le premier écueil, qui naturellement devait m'être funeste, mais qui ne servit qu'à multiplier ce que ma baronne honora du nom de mes perfidies.

Le prince de M..., dont le régiment était en garnison à Strasbourg, y était arrivé depuis peu. Je le connaissais beaucoup ; il me proposa un jour de fête d'aller nous promener à Chilik, petit village à la porte de la ville, qui répond assez à nos guinguettes. Là un grand nombre de filles et de garçons, passent tout le jour à des danses allemandes, autour d'un pilier. Après nous être amusés quelque temps à les voir danser, le prince me dit : « Examinez bien toutes ces filles, et s'il y en a » quelqu'une de votre goût, remarquez-» la et la désignez au maître de la maison, » et sur-le-champ, on vous l'amènera » dans une chambre, j'en vais faire au-» tant ». Elles étaient toutes propres et lestes, et il y en avait au moins trente à quarante, toutes plus jolies les unes que les autres. Le hasard fit que le prince et moi nous jetâmes les yeux sur la même; et nous étant réciproquement confié notre choix, le maître fut averti. Nous fûmes conduits dans une chambre, et la jeune allemande vint nous y trouver; mais il n'y eut jamais moyen de la faire consentir à nos desirs : éloquence, caresses, générosité, tout fut inutile. Le prince rebuté, me laissa seul avec elle; je ne réussis pas mieux dans le tête-à-tête. Mais cette belle fille me dit qu'elle avait des raisons de me résister; qu'elle viendrait me les dire le lendemain chez moi à mon réveil. Nous partîmes, et elle me tint parole. Je la vis entrer chez moi le lendemain à huit heures du matin. J'en fus transporté et me crus, dans ce moment, le plus heureux des hommes; mais je fus arrêté dans mes transports par un aveu sincère de cette belle qui les ralentit plus promptement que sa présence ne les avait fait naître. Elle m'avoua donc que ce que j'exigeais d'elle était pour moi un présent dangereux qu'elle aurait été au désespoir de me faire; et elle me dit que si le prince avait été seul la veille, elle ne l'eût point épargné. Cette salutaire franchise, si peu faite pour une personne de cette espèce, me toucha;

je lui en marquai ma reconnaissance plus libéralement que je n'eusse fait pour ses faveurs, et l'adressai même à Ducomte, chirurgien-major de la garnison et des hôpitaux du roi, que je promis de payer et payai en effet de ses soins. Cette générosité de ma part pénétra l'ame de la jeune allemande; elle tomba à mes pieds, et elle me promit de me bien dédommager de ce que ma libéralité faisait alors pour elle. Elle m'exhorta même à ne me fier qu'à elle dans le choix de mes amusements, m'assurant que je ne courrais aucun risque dans ceux qu'elle était en état de me procurer. Je me fiai à elle, et de son côté, elle me tint parole beaucoup plus exactement, et même plus souvent que je n'eusse quelquefois desiré; car c'étaient tous les jours connaissances nouvelles et nouveaux rendez-vous, et ce qui m'étonna le plus, c'était souvent avec des personnes que je n'aurais pas soupçonnées de galanterie, avec lesquelles il n'était pas même question d'être libéral, et encore moins de se repentir.

Il est vrai que ma surintendante était une fillebien née, et qui connaissait tout ce qui, dans la ville, avait du goût pour le plaisir; c'est comme qui dirait, qui connaissait tout le monde. J'eus lieu de le penser pendant tout le temps que dura mon séjour à Strasbourg. De toutes ces aventures de passage, qui n'eurent rien de singulier que leur variété, et la sécurité qu'on m'avait promise, je ne vous en rapporterai qu'une, qui me paraît prouver, comme je l'ai remarqué plus d'une fois, qu'il y a dans les courtisanes allemandes une franchise et une naïveté que les nôtres ne connaissent point.

Je reçus un jour de ma bienfaisante protectrice un rendez-vous dans une maison particulière; il était question d'y souper, et d'y passer la nuit. J'y fus introduit avec précaution, et conduit dans un petit appartement fort propre, où je trouvai Vénus elle-même. Je ne crois pas avoir vu de ma vie une figure aussi belle, aussi intéressante, de plus beaux traits, de plus belles proportions dans tout ce qui composait ce véritable chef-d'œuvre de la nature. Tout cela se trouvait dans la belle *Louzelet*, fille d'un assez gros marchand. Elle était encore plus caressante et plus tendre dans ses caresses, qu'une laide n'a l'art de l'être, lorsqu'elle cherche à nous dédommager de ce qui lui manque pour nous séduire. Enfin, vous le dirai-je, elle était modeste, oui, monsieur, modeste; non pas de cette modestie qu'on prêche aux jeunes filles, et qui consiste à leur faire cacher quelques appas qu'elles brûlent de faire voir, mais de cette modestie qui paraît ne pas connaître le prix des trésors qu'elle vous prodigue, et celle-là n'est peut-être pas de la moins bonne espèce. En un mot la belle Louzelet pratiquait jusque dans les transports les plus vifs du plaisir, mais sans affectation, par rapport à cette modestie, la maxime affectée de madame de Lambert sur la pudeur; c'est-à-dire qu'elle était modeste dans les moments même où elle semblait avoir perdu toute modestie. L'original de ce portrait fut traité de moi comme il méritait de l'être..... J'ignorais que la belle Louzelet eût un amant en titre, et voici comment je fus tout à la fois instruit de cette particularité, et de la franchise de cette aimable allemande.

Deux jours après mon aventure, M. le marquis de C......, colonel suisse, me fit inviter à dîner chez lui. Je m'y rendis ; il me reçut très-agréablement, et après une courte conversation, il me pria d'entrer avec lui dans son cabinet, pour se défaire de quelques officiers qui l'embarrassaient. Là il me dit qu'il savait de mes nouvelles, et me raconta en effet mon aventure avec Louzelet dans le détail le plus circonstancié. Je voulus nier le fait; il insista et me dit qu'il était en état de me produire des témoins qui avaient tout vu. Je niai encore; mais alors une porte ouverte m'offrit un témoin irréprochable. C'était Louzelet elle-même ; elle vint me sauter au cou, et je ne me sentis pas la force de la contredire. Le colonel lui pardonna, « et pour moi, comme vous êtes, me » dit-il, un vrai gâte-métier, j'espère que vous » vous voudrez bien ne plus chasser sur » mes terres, et ne plus souper avec made- » moiselle que chez moi ». Ce marché fut tenu fort exactement. Avant de finir cette lettre et mon voyage de Strasbourg, dont il n'est pas juste que vous perdiez rien, puisque je vous l'ai promis, je vous dirai, monsieur, que j'étais logé chez le prince Frédéric, comme vous l'avez dû penser, puisqu'il avait été le promoteur et l'objet de mon voyage. Il avait dans sa maison un bon allemand, intendant de ses affaires en Alsace; et cet allemand avait une très-jolie femme dont il était très-jaloux, contre la coutume du pays. A mes heures perdues, j'allais quelquefois causer avec elle, et j'y allais sans façon; je crois qu'elle commençait à prendre goût à mes visites, lorsque son mari me surprit un jour tête-à-tête avec elle; j'étais en veste et en bonnet, et mon attitude auprès d'elle avait quelque chose qui parut trop libre au mari, jaloux et brutal; son air hagard me fit prendre congé de la compagnie, et je fus deux jours sans voir paraître sa femme. J'en demandai la raison : on me dit qu'il la tenait renfermée dans une chambre basse, qui n'avait de vue que sur la basse-cour. J'allai dans cette arrière-cour, qui était très-peu fréquentée, et je vis en effet la pauvre prisonnière, qui n'avait pour toute récréation que quelques volailles qu'on tenait là renfermées. Je m'approchai de la fenêtre, je proposai de l'escalader, ce qui n'était pas fort difficile, mais la pauvre femme me dit que son mari était dans la salle à côté de cette chambre, où il s'enivrait avec cinq ou six de ses amis. Au lieu de m'arrêter, cette circonstance m'encouragea : j'étais persuadé qu'un allemand n'était pas capable d'abandonner sa bouteille pour venir s'informer de l'état de la santé de sa femme, qu'il croyait hors de toute atteinte galante. J'escaladai la fenêtre, je passai près de deux heures avec cette pauvre prisonnière ; le dépit de la clôture ne nuisit point à mes affaires, et j'adoucis sa retraite autant qu'il était en moi. Ce qu'il y avait de plaisant à cette scène, c'est que le mari chantait à gorge déployée, et qu'il n'y avait entre nous qu'une porte, dont, à la vérité, les verroux étaient bien fermés.

Ce fut dans cette même année, et pendant mon voyage, que le prince Frédéric fut élu grand-doyen de Strasbourg. Peu de temps après cette élection et les fêtes qui la suivirent, je pensai à revenir à Paris, et j'y revins en effet à la fin de l'été. J'y retrouvai mes amis, mes connaissances et mes anciennes habitudes, auxquelles je me livrai à mon ordinaire. Je reprendrai le fil de mes aventures au premier jour : en voici bien assez pour celui-ci.

Je suis, etc.

NEUVIÈME LETTRE.

JE vous ai annoncé dans ma dernière, monsieur, mon retour de Strasbourg à Paris, sur la fin de l'été, où je passai le reste de l'année sans aucun événement de remarque, si vous en exceptez un que j'ai toujours regardé comme un des plus heureux de ma vie; et puisque je vous dois compte de tout, je ne dois pas supprimer un fait qui doit, dans votre esprit, faire quelque honneur à ma vertu.

Ce fut immédiatement après mon retour, qu'on m'annonça un matin une demoiselle qui me demandait, et qui venait, me dit-elle, me trouver de la part d'un homme de mes amis. Cette demoiselle, que je ne dois pas feindre de nommer, s'appelait mademoiselle de Jowy : elle était âgée de 18 à 19 ans, grande, faite à peindre, et portait la physionomie la plus belle, la plus noble, la plus séante. Je ne laissai pas de la prendre d'abord pour une bonne fortune qui m'était adressée. Je ne me trompai que sur la façon de l'entendre; car j'ai toujours mis au nombre de mes meilleures fortunes, les occasions de faire du bien. Je crois pouvoir me rendre cette justice; et tous ceux qui m'ont bien connu, me la rendront. Je débutai donc avec mademoiselle de Jowy, selon mes premières idées, c'est-à-dire, sur le ton galant; mais cette aimable personne me répondit avec douceur, et, comme plus embarrassée qu'offensée de mon discours, elle me fit entendre, qu'en effet, le rôle qu'elle jouait devait l'exposer à de mauvais compliments; mais que, quoiqu'elle y fût contrainte par la nécessité, cette même nécessité n'aurait jamais le pouvoir de l'engager à des choses indignes de sa naissance et contraires à la vertu; et sans se départir d'un air de modestie qui lui était naturelle, et qui me la rendait aussi respectable qu'elle me paraissait charmante, elle me fit une exhortation si touchante, qu'elle me tira des larmes, et fit taire en moi tout autre sentiment que celui de la vertu. L'histoire qu'elle me fit de ses malheurs et de ceux de sa famille, qui était noble et originaire d'Angleterre, n'était point exagérée. Une visite que je lui rendis, à laquelle elle ne s'attendait pas le lendemain de celle qu'elle m'avait faite, me confirma et au-delà de la vérité du récit simple et naïf qu'elle m'avait fait de ses infortunes. Quel objet pour un cœur né tendre et compatissant! Je trouvai dans une chambre, assez grande à la vérité, mais très-mal meublée, un père et une mère très-respectables, et infirmes l'un et l'autre; une fille charmante, et faite pour être adorée et servie, qui servait elle-même ses tristes parents, et qui, pour les secourir et soutenir un frère qu'elle avait dans le service, employait en petits travaux d'industrie tout le temps que lui laissaient les plus humiliantes fonctions de la servitude. Pénétré d'un spectacle si attendrissant, je mêlai des larmes de compassion à celles que la reconnaissance faisait répandre, et je consultai moins, dans le transport dont je me trouvai saisi, le bien que j'étais en état de faire, que celui dont je sentais; que cette respectable et malheureuse famille avait besoin. Je continuai de la secourir pendant plus d'un an; après quoi, une absence assez longue me les fit perdre de vue. Je ne les retrouvai plus à mon retour, et je ne pus en savoir d'autres nouvelles, sinon qu'ils étaient tous partis pour aller s'établir à une campagne qu'on ne put me désigner; mais après plus d'un an que j'avais été sans entendre parler de mademoiselle de Jowy, je reçus une visite de son frère qu'elle avait chargé de venir me voir, et m'apprendre qu'elle était avantageusement mariée en province à un gentilhomme qui avait fait sa fortune. Ce frère, dont je parle, était un cavalier des mieux faits, et le portrait de sa sœur. Le mariage qu'elle avait fait lui avait procuré à lui-même un avancement avantageux dans le régiment où il servait; il fut assez généreux pour vouloir me faire entendre qu'il me devait une partie de son bonheur, et je me trouvai bien plus heureux que lui, de pouvoir penser que j'y eusse contribué.

1723. Je ne sais si l'aventure de mademoiselle de Jowy, dont je viens de vous parler, ou quelqu'autre persuasion plus puissante sur mes volontés de la part de madame *** que vous avez peut-être perdue de vue, mais avec laquelle j'étais toujours et suis encore lié de la plus étroite amitié ; je ne sais, dis-je, ce qui me détermina le plus dans une démarche qui va vous étonner de ma part. Vivant comme je vivais dans le grand monde, et surtout dans l'intimité de l'abbé de B..., cet ami qui avait aidé ma famille à me déterminer sur le choix de l'état que j'avais feint d'embrasser, je ne pouvais manquer d'avoir peut-être plus que des doutes sur les plus importantes vérités. L'abbé était un philosophe déterminé, élevé avec le duc d'Orléans, régent de France, et dans les mêmes principes, par conséquent peu dévot ; mais il était en même temps trop honnête homme pour chercher à faire le prédicant de ses opinions, en sorte que j'en soupçonnais plus qu'il ne m'en avait laissé appercevoir. Je cherchais la vérité, et je voulus une bonne fois tenter de parvenir à la connaître. Je me résolus, pour cet effet, de faire une retraite chez des religieux que j'avais de tout temps estimés, comme gens vertueux et bien instruits. Je commençai par y donner toute ma confiance à celui d'entre eux qui avait la réputation d'avoir les lumières les plus étendues. Je lui proposai mes doutes avec la plus grande franchise, et avec une extrême simplicité. Nos entretiens ne me satisfirent pas autant que je l'aurais souhaité, parce que ces sortes de matières traitées par le raisonnement, ne sont pas susceptibles d'un éclaircissement bien parfait. Ainsi, tout le fruit que je tirai de cette pieuse retraite, ce fut d'apprendre que ma raison, qui jusques-là m'avait assez mal servi dans la conduite de ma vie, me devait être encore plus utile dans la recherche de la vérité, et qu'elle ne m'avait donc été donnée que pour être successivement l'esclave de mes passions et de l'autorité. Il fallut bien que cette pauvre raison se consolât de la perte de sa dignité imaginaire. Je sortis de là comme j'y étais entré, c'est-à-dire, avec mes passions qui de près me commandaient à la baguette, et l'autorité qui ne me menaçait que de loin; mais je n'en sortis que pour éprouver la douleur la plus sensible dans la perte que je fis de mon ami l'abbé de B.... Il était malade depuis quelques semaines, et sa maladie était une vraie consomption. Je ne sais si je vous ai dit qu'il vivait depuis long-temps avec une personne qui lui était extrêmement attachée. L'abbé jugeant lui-même que son état était dangereux, demanda un confesseur, et se fit administrer les sacrements de l'église le mercredi-saint. Le jeudi, il l'employa tête-à-tête avec moi, à mettre un ordre très-exact dans ses papiers et dans ses affaires, et me confia l'exécution de ses volontés dernières, avec une présence d'esprit et une fermeté non communes. Le vendredi, il envoya chercher la personne dont je viens de vous parler, et lui fit, en ma présence, l'exhortation la plus édifiante qu'on eût pu attendre du plus grand prédicateur et du meilleur esprit; après quoi il la pria de retourner chez elle, et de ne revenir chez lui qu'au cas qu'il le lui fît demander. A peine fut-elle sortie, qu'il me demanda si j'étais content de l'action qu'il venait de faire. Les larmes dont j'étais inondé lui répondirent pour moi; car j'étais en effet si pénétré de douleur et de joie, que je ne pouvais exprimer aucun de mes sentiments. « Je vois que » vous êtes satisfait, me dit-il ; mais bâ» nissez votre faiblesse indigne de vous et » de moi ». Cette pauvre enfant, continua-t-il, est d'un esprit faible, elle m'a peut-être entendu parler quelquefois trop indiscrètement; sa confiance en moi pouvait lui donner des doutes, et faire naître le trouble dans son ame. J'ai cru qu'il était du devoir de mon amitié et de ma reconnaissance de la rendre à ses préjugés..... Je perdis cet ami la nuit suivante; j'en fus accablé de douleur, mais j'étais réservé à de plus grands malheurs, et cette année fut pour moi celle des pertes les plus fâcheuses et les plus essentielles que je pusse faire : celle de M. l'évêque de S....., qui m'avait aimé dès l'enfance, et qui devait m'être cher à plus d'un titre, suivit de près celle de l'abbé de B....

Le cardinal Dubois, qui m'avait promis la plus grande protection, mourut encore sans m'en avoir assuré les effets; et ces pertes précédèrent de fort près une perte encore plus sensible, je veux dire celle de mon père. Quoique les idées ambitieuses qu'il avait eues sur la fortune qu'il espérait me procurer dans l'église, n'eussent point été réalisées, il avait de loin arrangé toutes ses affaires sur ce plan chimérique, et je me trouvai on ne peut pas plus mal traité par les dispositions qu'il avait faites de ses biens en faveur de mon frère; mais je dois à la vérité dont je ne m'écarterai jamais, soit pour excuser mes fautes, soit pour faire valoir mes vertus, de vous assurer que je fus mille fois plus douloureusement affecté de la perte de sa personne que de celle de ma fortune.

Mes affaires n'étaient point encore réglées avec ma famille, et il y avait des articles considérables qui eussent pu être sujets à discussion, et desquels les personnes les plus habiles que j'avais consultées, m'assuraient que je pouvais tirer au-delà de 40 mille écus, lorsque M. de Marville, alors secrétaire d'état des affaires étrangères*, et mon ancien ami, se mit en tête de réparer les torts qu'il prétendait que la fortune avait avec moi.... L'électeur de Cologne, Joseph-Clément, prince de Liége, venait de mourir. L'abbé d'Auvergne, archevêque de Vienne, auquel j'étais attaché, comme je vous l'ai dit ci-devant, était en même temps chanoine de Liége, et voulut se mettre sur les rangs pour l'élection du nouveau prince. M. le duc d'Orléans, régent, voulut bien le lui permettre ; mais en même temps il voulut envoyer secrètement quelqu'un, tant pour porter une attention particulière aux choses qui pourraient être en cette occasion de l'intérêt de l'État, que pour veiller sur la conduite de l'abbé d'Auvergne, dont l'esprit léger et pétulant pouvait donner quelque inquiétude au gouvernement. Ce fut ainsi que M. de Marville me proposa cette mission secrète, en m'assurant que ce n'était que pour me faire connaître, et comme il me le dit, pour me faire mettre le pied à l'étrier, sûr qu'à mon retour je serais employé de la façon la plus honorable. M. le duc d'Orléans, lorsque j'eus l'honneur de prendre ses ordres, le 27 de novembre, me dit les mêmes choses, et de la façon du monde la plus gracieuse et la plus obligeante. Comme je viens de vous le dire, mes affaires de famille n'étaient point réglées, et l'espoir d'une fortune brillante qui paraissait s'offrir à moi, me fit sacrifier le même jour des espérances plus solides par une transaction qui fut adressée et signée à la hâte, et par laquelle je renonçai, en faveur de mon frère, à toutes mes prétentions. Je partis le 28 pour Liége; la poste ne put me mener que jusqu'à Dourlens, où je m'embarquai sur la Meuse. Je n'arrivai à Liége que le 2 décembre, et fus informé, dès le 6 du même mois, de la mort inopinée de M. le Régent. Vous jugez, monsieur, quelle nouvelle ce fut pour moi. M. le duc de Bourbon, qui succéda au ministère, sans hériter des intentions de M. le duc d'Orléans en ma faveur, ne laissa point de me faire écrire que je pouvais rester à Liége, et même m'intéresser au nom du roi à l'élection de l'abbé d'Auvergne, s'il était possible; mais le seul intérêt qu'eût en effet alors la cour de France, c'était de s'opposer sourdement à l'élection, soit du jeune électeur de Cologne, soit du cardinal de Saxe, qui étaient deux des prétendants, et de favoriser toute autre élection en faveur d'un simple comte et tréfoncier de Liége. Je devrais remettre ce petit détail politique, selon le plan que je m'étais fait pour vous instruire en même temps de tout ce qui regarde la part que j'ai eue aux affaires publiques; mais cet article est si peu de chose, qu'il vaut autant qu'il trouve place dans cette lettre.

Avant d'entrer en matière, il est à propos que vous sachiez que le feu cardinal de Bouillon, dont il n'est pas que vous n'ayiez su l'histoire, par rapport à l'élection qui avait été précédemment faite en sa faveur; il est bon, dis-je, que vous sachiez que ce cardinal avait donné la grande prévôté de Liége au comte de Poitiers, et que ce dernier qui, par reconnaissance, devait être attaché à la maison de Bouillon, avait écrit à l'abbé d'Auvergne aussitôt après la mort de l'électeur prince de Liége; qu'il l'avait pressé, par deux lettres consécutives, de venir se présenter pour commencer sa résidence, et lui promettait un parti de vingt-huit Capitulaires qu'il avait à sa dévotion, et qui devaient le faire élire sans difficulté, pour peu que M. le Régent y consentît, et que

Rome lui accordât un bref d'éligibilité; attendu qu'il était déjà archevêque de Vienne, ce qui le rendait incapable, à moins du bref dont il est question. Il y a toute apparence que le comte de Poitiers s'était flatté que l'abbé d'Auvergne n'obtiendrait ni l'un ni l'autre; et vous allez en juger, lorsque je vous aurai mis au fait de l'état où je trouvai les choses à mon arrivée. Il y avait alors dans le Chapitre quarante-huit tréfonciers ayant voix délibérative. L'arrivée de l'abbé d'Auvergne, et l'ordination d'un jeune chanoine, portèrent le nombre des chanoines-électeurs à cinquante. Ces cinquante électeurs étaient divisés en quatre différents partis, dont deux seulement étaient assez nombreux pour donner quelque espérance de succès au choix qu'ils étaient en état de faire. Le parti du jeune électeur était de dix-sept tréfonciers, à la tête desquels était le chancelier comte de Lânée.

Celui à la tête duquel était le comte de Poitiers, était de vingt-huit, et monta à vingt-neuf, par le blanc-seing que l'abbé d'Auvergne remit à ce parti, qu'il devait naturellement regarder comme le sien.

Le comte de Cœlis, grand-doyen, autre aspirant, avait pour lui deux ou trois chanoines. Mais il se départit bientôt; et enfin, le cardinal de Saxe n'avait pour tout parti que l'abbé de Damas.

Le comte de Levestein, alors évêque de Tournay, voulut aussi se mettre sur les rangs, et vint même travesti en cavalier pour sonder le terrain; mais il vint trop tard et n'y gagna rien, que d'être reconnu et être obligé à réclamer, en quittant la partie, un attelage de très-beaux chevaux qui lui avait été arrêté et confisqué par le magistrat.

Telles étaient les dispositions du Chapitre de Liége, lorsque j'y arrivai. Dès que j'eus pris langue dans le pays, je connus clairement deux choses; la première, que le parti du jeune électeur n'augmenterait jamais des dépouilles d'aucun autre; la seconde, qu'il était en même temps impossible d'en rien détacher, parce que tout ce parti n'était composé que de jeunes gens, élevés par le feu électeur, oncle du prétendant, et absolument dévoués à ses intérêts.

Il n'y avait donc espérance de réussir que par le parti du comte de Poitiers, qui, par le nombre, faisait nécessairement la loi à tous les autres.

Je m'adressai donc au comte de Poitiers lui-même, et je pris mon texte avec lui sur les lettres pressantes qu'il avait écrites à l'abbé d'Auvergne, et sur l'offre qu'il lui avait faite de son parti.

Je sentis d'abord, au changement de sa physionomie, que je lui faisais un mauvais compliment, et qu'il en était embarrassé; mais je vis bientôt par sa réponse, que non seulement il n'avait pas desiré sincèrement sa venue, mais qu'il avait bien compté que la permission lui en serait refusée. « Le prince Henri, me dit-il, car » c'est ainsi qu'on appelait alors l'abbé d'Au» vergne, a trop tardé; je n'ai pas cru qu'il

» eût obtenu la permission de se présenter
» ici ; et par malheur nous nous sommes
» tous engagés, par un serment solennel,
» à ne donner nos voix à aucun prince, et
» nous nous sommes engagés, par le même
» serment, à ne choisir qu'un d'entre nous».
Cette mauvaise défaite me mit sur-le-champ au fait de l'ambition du comte de Poitiers, qui n'avait en effet sourdement travaillé que pour lui-même. Mais bien loin de paraître choqué ou étonné de sa réponse, je lui dis que je n'étais venu à Liége que pour favoriser, au nom du roi, un projet si louable, et que l'abbé d'Auvergne le seconderait lui-même, en s'unissant à son parti ; que j'étais même assuré qu'il favoriserait l'élection de lui-même comte de Poitiers, s'il trouvait quelque apparence à la faire réussir; que je n'avais de mon côté rien de plus à cœur, et que la seule chose que je croyais être en droit d'exiger de lui, c'était d'avoir pour l'abbé d'Auvergne les mêmes égards que ce prince aurait pour ses prétentions, si elles étaient

bien secondées. Cette ouverture le rendit un peu plus traitable en apparence, parce qu'il croyait être sûr de son fait.

Sur ce plan, je commençai à dresser mes batteries. Il y avait dans le parti du grand-prevôt, quatorze tréfonciers qu'on nommait les Jansénistes, parmi lesquels étaient trois comtes de Glimes, gens à mœurs sévères, ainsi que leurs confrères; il y avait en outre un tréfoncier, hollandais de nation. L'abbé d'Auvergne était né en Hollande; j'eus bientôt gagné son compatriote en sa faveur. Je sus que le comte de Poitiers commençait à solliciter pour lui-même les voix de son parti; je m'armai contre lui, auprès des rigoristes, de la sévérité des canons qui défend qu'on sollicite, même indirectement, ces grandes dignités de l'église. Mon argument fit tout l'effet que j'en attendais; d'ailleurs monsieur l'abbé d'Auvergne, sur mon avis, avait remis son blanc-seing à la pluralité des voix du parti du comte de Poitiers, et ne fit pas la moindre démarche, par lui-même, qui pût le faire soupçonner d'avoir des prétentions. Cette conduite, ou si vous voulez, cette manœuvre donna à l'abbé d'Auvergne vingt voix dans le parti du comte; il est vrai qu'ils ne se déclarèrent qu'à propos, et moins de quinze jours avant celui de l'élection.

Mais ces vingt voix ne suffisant pas pour l'élection qui en demandait au moins vingt-six, j'entamai une autre négociation. J'étais sûr que le parti du jeune électeur resterait inutile à ce prince. Je m'adressai au chancelier Lânée, chef de ce parti; c'était un homme d'un certain âge, très-galant, et vivant avec une dame qui avait tout pouvoir sur son esprit, ainsi que sur son cœur. Cette dame avait deux filles fort aimables, dont l'aînée était soupçonnée être fille du feu prince de Liége.... Il fallut employer la galanterie pour me faire une entrée agréable dans cette maison; et si je ne fus pas heureux négociateur, je ne perdis pas tout à fait mon temps pour mon intérêt personnel. L'aînée des deux demoiselles se prévint d'assez de bonté pour moi, pour que je pusse le mettre dans ma confidence ; je lui représentai que le parti de M. Lânée ne pouvant rien faire pour l'électeur, il ne tiendrait qu'à cet ami de toute sa famille, de se conserver pour lui-même la place de chancelier qui est très-considérable, et de faire d'ailleurs beaucoup de bien à une famille qui lui était chère. Deux ou trois conférences de cette espèce, ordinairement précédées par de plus douces marques d'une confiance mutuelle, m'eurent bientôt ouvert l'accès dans celle de la mère et de son amant ; mais c'était une proposition bien difficile à faire à un jeune prince qui espérait toujours de s'enrichir de nos dépouilles. Vous voyez dans un moment jusqu'où cependant je poussai ce plan, qui fut à la vérité infructueux pour l'abbé d'Auvergne, mais qui assura du moins le succès du projet que la cour avait eu en vue. Près de deux mois s'étaient écoulés dans ces différentes pratiques ; l'élection était indiquée pour le 4 février 1724, et ne pouvait être différée, sans être dévolue au pape. Il n'y avait plus qu'environ quinze jours à l'attendre, et chacun voulait savoir à quoi s'en tenir, et se fixer pour un choix invariable. Le parti du comte de Poitiers s'assembla chez M. de Glimes. Le grand-prévôt, comme chef, fit l'ouverture de cette assemblée par un discours véhément, dans lequel il eut surtout grand soin de rappeler le serment que lui et ses confrères avaient fait d'exclure les princes ; il ne manqua pas non plus à se désigner en quelque façon lui-même, dans le portrait qu'il fit, et dans les qualités qu'il desirait à celui dont ils allaient assurer l'élection ; mais il fut étonné d'entendre de toute part les voix s'élever en faveur du prince Henri d'Auvergne. Vingt membres de son parti lui représentèrent que, par le prétendu serment qu'ils avaient fait, l'assemblée n'avait eu pour but que d'exclure personnellement l'électeur de Cologne, ou tout autre grand prince qui pût être soupçonné de ne plus choisir désormais Liége pour sa résidence ; que le prince Henri d'Auvergne n'était point dans ce cas ; que tout grand seigneur qu'il fût, il n'aurait jamais un plus grand établissement ni rien de mieux, et de plus glorieux pour lui à faire que de résider à Liége; que par les grandes alliances qu'il avait en Allemagne, il serait en état de les y protéger ; et que les grands établissements de sa maison en France les assureraient de la protection et de la bienveillance du roi, dont lui personnellement n'était pas né sujet, étant venu au monde en Hollande : enfin, qu'on ne pouvait faire un choix qui réunît plus heureusement les vœux de la France, de l'Allemagne et de la Hollande, et qui, par conséquent, dût être plus desirable pour un pays que ces trois puissances environnent. Ce discours, que j'avais préparé moi-même, partagea tellement les esprits, que rien ne fut décidé dans cette assemblée. On en indiqua une seconde, qui ne précédait que de six jours celui de l'élection définitive; celle-ci ne fut pas plus heureuse pour le comte de Poitiers, mais elle me jeta dans quelqu'embarras ; car le comte de Poitiers ayant toujours insisté sur la fidélité due au serment dont il ne pouvait, disait-il, en conscience, se départir, conclut qu'il devait s'attendre à être lui-même choisi. Sa dignité de grand-prévôt, les services qu'il avait rendus, l'amitié de ses confrères, tout fut mis en jeu, mais sans fruit; mes zélés rigoristes lui déclarèrent que de leur côté, leur conscience ne leur permettait pas de donner leurs voix à un chanoine qui avait hautement sollicité l'épiscopat. Alors, le comte de Poitiers mit un nouveau ressort en jeu. Eh bien! messieurs, dit-il, puisque votre conscience vous défend de me donner votre voix, je me crois délivré du serment que fit notre association; et je vais avec mon parti (ils étaient neuf, lui compris), je vais, dit-il, avec mon parti, m'offrir à l'électeur de Cologne; et en effet il leva le siége, lui neuvième, et rompit encore cette assemblée.

Je m'imaginai bien que cette menace

n'était pas sincère; cependant je mis tout en œuvre pour la détourner, et j'inspirai aux rigoristes de prendre un nouveau parti, et d'engager, à quelque prix que ce fût, le grand-prévôt à tenir le surlendemain une nouvelle assemblée. Je m'y employai moi-même, et après lui avoir remontré le tort qu'il allait se faire ainsi qu'à sa famille en France, je lui offris, comme j'en avais l'ordre, cinquante mille écus d'argent comptant, un archevêché ou deux grosses abbayes en France. Il rejeta mes propositions; mais il se rendit à l'assemblée projetée, où toute son éloquence fut inutile pour lui, et tourna au profit du comte de Bergues, qui assurément ne s'y attendait pas, et ne devait pas s'y attendre. Tout se concilia en sa faveur, et on le traita comme s'il eût été élu dans les formes. On lui baisa la main, on fit serment de confirmer cette élection quatre jours après; on reconduisit le nouveau prince en cérémonie, et tout le monde fut tout à la fois instruit et surpris de la bonne fortune du comte de Bergues, qu'on n'avait pas même prévue. Quoique, par cet événement, ma principale affaire fût faite selon les vues de la cour, je crus pouvoir encore faire une tentative en faveur du prince Henri d'Auvergne. J'allai voir alors mes rigoristes, et je n'eus pas de peine à les persuader qu'ils avaient fait une faute bien grave, en ôtant par leur serment, et par leur association devenue pour ainsi dire sacrée, la liberté essentielle à leur chapitre général, tant pour eux-mêmes que pour les autres électeurs qui, se trouvant en nombre inférieur au leur, n'auraient plus la liberté de choisir sans encourir la disgrace d'un prince devenu nécessairement leur souverain. Ce raisonnement les frappa tous, et les détermina à reconnaître leur faute en plein chapitre, pourvu qu'il se trouvât quelqu'un qui protestât contre la délibération du conventicule. Ce fut alors que je crus pouvoir ébranler le parti de l'électeur de Cologne. Toute espérance était perdue pour lui; j'étais sûr de vingt voix pour le prince Henri d'Auvergne; je m'adressai au chancelier Lânée; je lui fis espérer non seulement tout ce que je lui avais promis, mais de m'employer, ainsi que toute la maison de Bouillon, pour faire obtenir la coadjutorerie de Liége à l'électeur, si ce prince voulait protester au chapitre contre le conventicule et son arrêté. Je lui dictai le modèle de la protestation à faire, et n'exigeai rien, sinon que son parti se rangeât alors du côté du plus grand nombre : c'était assurer le parti de l'électeur à l'abbé d'Auvergne. Ce chancelier voulut que je communiquasse ce projet à l'électeur lui-même, et ce fut la nuit qui précéda l'élection que j'eus audience de ce prince. Il approuva ma proposition; il promit d'aller au chapitre le lendemain; mais après mon départ il en fut détourné par un jeune tréfoncier, 1724. et le comte de Bergues fut élu unanimement le 4 de février 1724. C'est dans le cours de cette négociation que j'ai eu l'honneur d'être connu de l'électeur de Cologne, auprès duquel j'ai été depuis employé par le roi, en qualité de son ministre plénipotentiaire.

Peu de jours après l'élection, je partis de Liége, et je pris ma route par Louvain, et Bruxelles, pour me rendre à Cambrai, où se tenait alors le congrès, et où je m'amusai quelques jours chez M. de Saint-Contest, l'un de nos ambassadeurs, et de là je me rendis à Paris au commencement de mars. J'eus le bonheur que le prince ministre fut content de moi, ainsi que M. de Marville; mais les choses étaient bien changées pour lui, et par conséquent pour moi. M. le duc cessa d'avoir confiance à M. d'Armenonville, et lui ôta les sceaux. M. de Marville, qui s'apperçut de son discrédit, remit à son tour sa place de secrétaire d'état, et voulut au moins me consoler de ce qu'il ne pouvait plus faire pour moi, en m'apprenant que j'avais été proposé par lui, et accepté par M. le régent pour remplacer l'abbé de Livry en Pologne, où le marquis de Monty fut alors ambassadeur. Ainsi je ne rapportai d'autre fruit de ce voyage et du travail qu'il m'avait occasionné, que les regrets de toutes les pertes que j'avais faites. Le comte de

Poitiers, que j'avais toujours eu en tête, ne fut pas plus heureux que moi. Il est sûr que l'élection du comte de Bergues était son ouvrage, ou plutôt celui de son dépit et de son obstination; aussi le nouveau prince de Liége ne crut pas devoir au grand-prévôt une reconnaissance bien vive de son élévation. Après avoir vécu dans son intimité, tant qu'il n'avait été que simple tréfoncier, non seulement il ne fit rien pour lui depuis son élection, mais il le négligea même à tel point que le comte de Poitiers en mourut de douleur dans l'année.

Pour moi, de retour à Paris, je trouvai la maison paternelle, où je logeai encore quelques mois, extrêmement changée. Outre quelques petites peines domestiques, dont il est inutile de vous entretenir, mon frère avait donné dans la grande dévotion, et son zèle un peu amer rendit bientôt sa maison insupportable à ma mère comme à moi. Elle avait déjà pris le parti de se retirer à sa campagne; et peu de mois après mon retour, je pris celui de loger en mon particulier. Mais avant de quitter cette ancienne demeure, il m'y arriva une aventure de galanterie assez comique. Un jour que j'avais dîné chez un de mes amis, où s'était trouvé un espèce d'abbé qui se nommait Gentrandy, qui était médecin de profession, ces messieurs m'engagèrent d'aller passer l'après-dîner chez une dame qui demeurait dans la même maison, et chez laquelle on jouait. J'y trouvai trois ou quatre jeunes personnes très-aimables, mais entr'autres une jeune bretonne qui se nommait mademoiselle de Villeneuve. Celle-ci me plut beaucoup; et comme j'en parlai à Gentrandy, il s'offrit d'abord à me l'envoyer chez moi. J'acceptai ses offres; il me fit entendre que cela demanderait peut-être quelque temps, mais qu'en attendant, si j'étais d'humeur de connaître la plus jolie grisette de Paris, qu'il me l'adresserait au premier jour, avec un billet de sa main, pour que je ne fusse pas trompé. Il me tint parole. Deux jours après, à huit heures du matin, on m'annonça deux demoiselles pour une. L'une était blonde et l'autre brune : elles étaient toutes deux charmantes, mais la brune l'emportait. Cependant ce fut la blonde qui me présenta le billet de Gentrandy, et je me crus obligé d'y faire honneur. Mais quelle fut ma surprise et mon inquiétude, quand cette belle m'avoua qu'elle ne connaissait point Gentrandy, et que c'était sa camarade qui avait été chargée de me remettre la lettre de cet habile commissionnaire ; mais que n'ayant osé le faire elle-même, elle l'avait priée de l'accompagner et de me rendre cette lettre qui venait de faire mon erreur. Je cherchai promptement à la réparer ; et la petite brune, qui avait passé un mauvais quart-d'heure, sortit de chez moi aussi contente pour le moins que la blonde..... Je riais seul encore de cette aventure, quand on m'annonça un homme qui avait une lettre à me remettre. Quelle nouvelle surprise ! C'était une lettre de l'abbé Gentrandy, et elle m'annonçait l'arrivée de mademoiselle de Villeneuve. Je ne savais que dire à cet homme que je ne connaissais point ; mais il me tira lui-même d'embarras en me disant qu'il était frère de cette demoiselle, et qu'elle attendait dans un fiacre à ma porte pour savoir si j'aurais la commodité de la voir. Je le priai en vain de m'en dispenser pour le moment présent; il fût si opiniâtre, qu'il fallut consentir à recevoir mademoiselle sa sœur. Elle monta chez moi, mais sans son frère qui la laissa à ma discrétion. Elle était magnifiquement parée, et plus belle encore qu'elle ne m'avait paru la première fois que je m'étais trouvé avec elle. Un caractère de douceur, et même de simplicité naturelle (car j'ai eu lieu de me convaincre depuis qu'elle n'était point affectée), des manières nobles, tendres et caressantes, triomphèrent encore de ma résistance, qui devait être en ce moment aussi difficile à vaincre, que je la croyais nécessaire ; et elles en triomphèrent si bien, que mademoiselle de Villeneuve n'eut point à s'en plaindre.

Peu de temps après cette aventure, j'allai loger dans la rue de Seine, faubourg Saint-Germain. Mademoiselle Lecouvreur, pour laquelle j'avais une fantaisie bien décidée, et qui logeait à deux pas de la maison que j'avais prise, eut autant de part à ce choix, que le voisinage de l'hôtel de Bouillon où je passais une grande partie de ma vie.... Puisque vous ne vous plaignez pas de la longueur de mes lettres, je me flatte que celle-ci trouvera grâce auprès de vous, comme les précédentes.

Je suis, etc.

DIXIÈME LETTRE.

Suite de 1724.

Je vous ai dit dans ma dernière, monsieur, que le voisinage de mademoiselle Lecouvreur eut beaucoup de part au choix du logement que je pris dans la rue de Seine. Cette admirable actrice logeait dans la rue des Marais, à deux pas de chez moi. Je ne la connaissais que par ses talents, et ne l'avais jamais vue qu'au théâtre; mais j'avoue qu'elle avait si souvent touché mon cœur et remué mon ame, qu'il ne lui manquait presque plus rien pour me dompter entièrement, et me conduire à la plus grande passion que j'eusse peut-être éprouvée. Mon premier soin fut de me faire présenter à elle comme voisin, comme admirateur de ses talents supérieurs, et comme desirant infiniment de me lier d'amitié avec elle. Ce fut l'abbé d'Anfreville, notre voisin et ami commun, qui se chargea de ma présentation. Je fus reçu de mademoiselle Lecouvreur avec toute la politesse et toutes les grâces imaginables; mais par bonheur pour moi, elle répéta tant de fois qu'elle était uniquement jalouse de faire des amis, et qu'elle craignait d'attirer chez elle des amants, qu'il se fit en moi une métamorphose aussi subite que singulière. Je sortis de chez elle bien résolu de la satisfaire, car en effet je la trouvai digne de l'amitié des plus honnêtes gens. Mais toute la vivacité de mes autres sentiments, ou s'éteignit ou se réunit à celui de l'amitié qui a été réciproque entre nous jusqu'à sa mort. Cependant dans la suite de notre connaissance, il se répandit un petit nuage sur la confiance qu'elle me marquait. Mademoiselle Lecouvreur avait une sœur qui était alors très-jeune et très-jolie. Elle ne poussait pas si loin que son aînée la métaphysique des sentiments, et elle s'accoutuma assez légèrement à venir faire chez moi des petits soupers à l'insçu de sa sœur. Celle-ci en fut instruite; elle me bouda quelques jours; je m'en apperçus et je voulus en savoir la cause. Vous allez être étonné, comme je le fus, de l'explication qu'elle eut avec moi. Monsieur, me dit-elle, j'ai sçu à n'en pouvoir douter que ma sœur faisait de fréquens soupers chez vous, où elle se rend dès que je suis retirée, qu'elle y passe une partie des nuits; vous jugez bien de ce que j'en dois penser, et en vérité je n'ai pas cru, lorsque j'ai vu vos assiduités chez moi, devoir soupçonner que ma sœur en fût l'objet. Je convins d'une partie de ses griefs, je niai l'autre, nous nous raccomodâmes, la sœur fut mise en couvent, puis enlevée, je la perdis de vue, mais je ne perdis rien depuis, dans l'amitié de mademoiselle Lecouvreur. Je fis à peu près dans le même temps la connaissance de la marquise de R.... C'était une dame bien faite qui vivait ordinairement dans ses terres, et venait passer presque tous les ans quelques mois à Paris. La grande liberté qu'elle me donnait de la voir à toute heure, me fit d'abord passer pour plus heureux avec elle que je ne l'étais, et que je ne desirais de l'être; cependant il en fallut venir là. Cette dame avait une femme de chambre jeune et belle comme un ange. Un jour que j'arrivai chez la marquise dans le moment qu'elle allait sortir, je fus obligé de rester seul dans son appartement pour attendre que mon carosse, que j'avais prêté à un ami, vînt me prendre. La marquise, en sortant, me dit: Mademoiselle Manon vous tiendra compagnie. Celle-ci, après quelques propos volants que je lui tins, me dit à son tour qu'elle était étonnée que je m'amusasse à sa maitresse qui, selon elle, n'en valait pas la peine, puisqu'elle vous quitte, ajouta-t-elle, pour s'en aller en partie fine. Je n'étais pas fort piqué, mais la présence de la jeune Manon m'inspira plus de desirs de vengeance, que la trahison de sa maitresse. Par bonheur je la trouvai compatissante, et je me vengeai délicieusement. Depuis ce moment j'étais exactement averti des fréquentes absences de la marquise; je choisissais de préférence ces jours-là pour me faire écrire chez elle, et mademoiselle

Manon tenait un fidèle registre de mes visites. Cette petite aventure eut le sort de toutes celles de cette espèce, et fit place à une autre. J'avais été cinq ou six fois sous le quai de Gèvres pour voir quelques tableaux; et toutes les fois que j'y avais été, j'avais remarqué une jeune marchande, qui était sans contredit une des bourgeoises des plus jolies et des mieux faites que j'eusse vues. Elle s'apperçut, dès la première fois, que je l'avais remarquée; elle ne manqua plus depuis à me sourire toutes les fois qu'elle me surprenait à la regarder, ce que je faisais avec complaisance. Enfin je me déterminai à entrer dans sa boutique, et j'y marchandai quelques porcelaines. Le sourire alla son train, et tout en souriant, j'offris à la belle marchande de lui payer tout ce quelle voudrait de ses porcelaines, si elle voulait se donner la peine de me les apporter chez moi le lendemain matin. Pourquoi non, monsieur, me dit-elle gaiement? Elle prit mon adresse, et fut exacte à l'heure que je lui avais donnée. Je la regardai d'abord comme plusieurs autres de son espèce; je voulus la traiter cavalièrement, mais elle m'arrêta, et me tint ce discours : Monsieur, me dit-elle, je ne suis pas venue ici pour faire la bégueule, et la démarche que je fais, a dû m'attirer la réception que vous me faites; mais détrompez-vous, ce n'est ni la débauche ni l'intérêt qui m'ont amenée chez vous; c'est par goût que j'y viens, et je vous avoue que je serais bien punie, si je cessais de me flatter que vous en avez pris pour moi. Il n'est pas douteux que vous pouvez disposer de moi; mais j'aurais peine à vous le pardonner, si je n'étais persuadée, avant tout, que vous vous croirez aussi heureux que vous pouvez me rendre heureuse. Ce discours m'étonna et m'enchanta tout-à-la fois. Mes procédés et mes discours levèrent ses scrupules, et ce fut par de tendres complaisances qu'elle me récompensa de l'espèce de distinction que je lui accordai et qu'assurément je lui devais; je n'ai guère vu mieux penser que cette jeune personne. Il me fallut absolument accepter le don de ses porcelaines, du prix desquelles il me fut impossible de la faire ni convenir ni recevoir l'équivalent. J'eus ma revanche dans la suite; mais je dois lui rendre cette justice, que sa générosité ne me permit jamais de lui faire des galanteries qui pussent m'être le moins du monde à charge. Notre intelligence ne dura que quelques mois; son mariage en bannit tout ce quelle croyait ne devoir plus qu'à son époux, et sa conduite, dont je fus long-temps le témoin, ne s'est jamais démentie. Me croirez-vous, monsieur, si je vous dis que j'ai trouvé une fois dans ma vie les mêmes sentiments dans une grande actrice de l'opéra? La chose est pourtant certaine, et elle fut portée plus loin. Il est vrai qu'elle avait un vieil amant à la cour, qui la payait fort cher, quoiqu'il ne l'eût qu'*ad honores*, et qu'elle aimait le plaisir plus que l'or. Le moyen de vous la faire estimer encore davantage, c'est d'apprendre qu'à la mort de ce vieux soutien de sa maison, j'eus une peine infinie à l'engager de prendre un homme fort riche qui lui offrait ses services, et qu'il fallut que ma retraite la contraignît à l'accepter. Mais souffrez que du théatre de l'opéra, je vous fasse passer à un plus noble spectacle. Dans cette même année, M. le duc de G... maria mademoiselle sa fille au duc de la F..., et épousa lui-même mademoiselle de G... Sa maison devint plus que jamais le séjour des grâces, et le rendez-vous de la plus grande compagnie. Il y avait environ un an que son fils, le prince de B.., avait épousé la princesse de S.., veuve de son frère ainé... J'étais déjà assez bien dans la confiance de cette princesse, lorsque la jeune duchesse, sa belle mère, vint s'emparer du droit de faire les honneurs de cette maison devenue plus brillante par sa présence, et je réussis assez auprès d'elle pour mériter plus de part encore à sa confiance que je n'en avais eu dans celle de la princesse sa belle fille. Que vous dirai-je, au reste, de ces deux dames, que la renommée ne vous ait pas appris?

les anecdotes de leurs histoires auxquelles j'ai pu avoir quelque part, ne sont que de légères ombres auprès de celles dont l'injuste public a souvent noirci et chargé les tableaux qu'il en a faits; et j'aurai occasion de vous mettre au fait d'une de ces injustices criantes faite à l'une de ces deux princesses, qui assurément le méritait le moins. C'est un témoignage que je dois à sa mémoire indignement flétrie par un auteur réfugié, qui n'a pas mieux traité cette princesse que sa propre religion. Je remets cette apologie au temps où la plus noire calomnie osa s'élever contre la plus belle ame du monde, et je reviens à mes propres aventures, dont, puisqu'il vous plaît ainsi, je ne vous épargnerai rien que ce qui en pourra échapper à ma mémoire.

En voici une des plus désastreuses qui me fût arrivée; car malgré le courage avec lequel j'avais souvent affronté les dangers, je n'avais point eu de repentir cuisant des plaisirs auxquels je m'étais abandonné. Je pourrais vous dire ici ce que le maréchal

Ro.... dit à Louis XIV qui lui reprochait quelques suites funestes des faveurs de l'amour : *Vous y auriez été pris vous-même*. Je venais d'échapper à une de ces occasions dangereuses, chez cette madame Daub... que le prince Frédéric m'avait fait connaître. Comme j'étais sur mon départ pour mon abbaye, cette officieuse dame voulut me procurer la connaissance d'un jeune tendron qui se disposait à se mettre sur le trottoir, et qui a depuis été bien fameuse. Elle me proposa donc de dîner avec cette jeune prosélite. J'y consentis; mais je fus bien étonné de la trouver accompagnée de sept autres professes de ma connaissance. Je vous laisse le soin d'imaginer un tableau dont l'original aurait dû m'effrayer alors, et dont la copie m'effraye moi-même aujourd'hui. Cherchez les couleurs, devinez les moyens de satisfaire par abrégé toutes ces sultanes, et si vous réussissez à vous peindre cette situation, votre imagination sera aussi adroite que je le fus. Quoi qu'il en soit, je sortis sain et sauf d'une si périlleuse aventure; et ce fut seulement, comme dit le proverbe, reculer pour mieux sauter. J'allai donc à mon abbaye; j'y avais un nouveau fermier, c'était un des bourgeois des mieux étoffés de la province; il avait une femme de vingt-deux à vingt-trois ans, très-fraiche et même passablement jolie. Comme le mari faisait de fréquents voyages pour vaquer aux affaires de son commerce, je m'offris à la jeune fermière pour la consoler de ses absences réitérées; elle trouva que je lui faisais beaucoup d'honneur. Il est vrai qu'elle me le fit payer cher; mais ce fut innocemment de sa part, et ce qui m'étonna beaucoup, c'est que près de quinze jours s'étaient passés dans la meilleure intelligence avant qu'aucun accident l'eût troublée. Le moment fatal arriva : au réveil d'une assez belle nuit, je pestai, je me plaignis. Mon innocente fermière trouva que j'avais tort de m'allarmer, et me dit bonnement que son cher mari avait rapporté ce bénéfice d'un voyage qu'il avait fait, il y avait plus de trois mois; que ni lui ni elle n'en connaissaient point les conséquences. Mon malheur me mit dans le cas et la nécessité de l'éclaircir sur le leur, et de leur procurer à l'un et à l'autre les mêmes secours auxquels j'eus besoin de recourir. Mes soins les leurs rendirent également utiles; il est vrai que je me serais bien passé d'être de la partie. Cette catastrophe me fit abréger mon voyage, et j'eus le bonheur de revenir à Paris en aussi bonne santé pour le moins que j'en étais parti. Le petit malheur dont j'étais échappé était peu de chose en comparaison de celui qui pensa m'arriver à mon retour. Il y avait à Paris une madame la baronne de Wur..., plus célèbre encore par sa beauté que fameuse par ses galanteries. Elle était fille naturelle de l'électeur de Cologne défunt, et j'avais connu son mari à Liége. J'appris qu'elle logeait dans mon voisinage, et je ne tardai pas à faire connaissance avec elle. La renommée ne m'avait rien appris de trop de sa beauté, et de ses grâces; mais elle ne m'avait pas assez instruit de quelques particularités que cette dame avait eu la discrétion de lui dérober. L'accueil qu'elle me fit fut si prévenant, que je me laissai aisément séduire par l'espérance de la mettre en peu de jours au nombre de mes conquêtes. Dès la troisième visite, cette dame que je me faisais un mérite d'avoir déjà apprivoisée, me proposa de souper tête-à-tête, et m'indiqua le surlendemain pour le jour de mon triomphe. J'avais vu deux fois chez elle un jeune officier qui avait l'air fort infirme; je ne le connaissais point, et ne le soupçonnais en aucune façon sur le compte de la belle baronne. Mon bonheur voulut que la veille de cette assignation, je fusse invité à dîner avec un camarade de cet officier. Celui-ci me badina à table sur la nouvelle connaissance que j'avais faite. Je voulus faire le discret; mais, au sortir de dîner, ce généreux ami d'un ami plus généreux encore, me dit en particulier que l'officier mal-sain, dont je viens de vous parler, sachant que son camarade était mon ami, l'avait chargé de m'avertir du danger que je courais; que l'état où je l'avais vu était l'ouvrage de la baronne, et qu'ils devaient l'un et l'autre, avant qu'il fût trois jours, se mettre en retraite pour six semaines, chez le fameux Petit, très-connu par le genre des maux qu'il faisait profession de guérir. J'avais été trop humilié de l'essai que je venais de faire, pour m'exposer à un péril plus sérieux et aussi évident. Un billet par lequel je feignis la nécessité d'un petit voyage de quelques jours à la campagne, me sauva cette funeste aventure, et me donna le temps de me convaincre qu'on ne m'en avait point imposé.

Ces deux avertissements, si voisins l'un
de l'autre, me rendirent plus circonspect, 1725,
et je me livrai tout entier à la bonne com- 1726,
pagnie. L'hôtel de B...., où je passais pour 1727.
ainsi dire ma vie, m'y fit trouver mille agréments que j'aurais eu peine à rencontrer ailleurs. Mais ce qui contribua le plus, si non à me guérir absolument, du moins à m'éloigner de mes dangereuses dispositions, ce fut l'obligation où je me

trouvai, moins par le dérangement de mes affaires, que par les conseils de la meilleure des mères, d'aller loger et vivre avec d'anciens et solides amis, qui lui étaient devenus chers, par les services essentiels que j'en avais reçus. Nous prîmes une maison dans la rue Guénégaud, et elle devint, par notre réunion, et celle de nos amis communs, si agréable pour moi, que j'oubliai presqu'entièrement qu'il y eût d'autre plaisir que ceux d'une aimable société, et d'autre dissipation que les spectacles que je fréquentais. Je partageais donc mon temps entre mes amis, l'hôtel de B...., et les théâtres; mais comme il m'en restat beaucoup le matin, et que j'aimais les lettres, je commençai à lire et m'occuper de mon cabinet plus que je n'avais encore fait. Avec cela, j'étais de toutes les parties de campagne du duc et de la duchesse de B..... J'acquis successivement, dans les voyages fréquents que je fis à leur maison de Pontoise, la confiance, et j'ose dire l'amitié du prince de Conti et du comte de Clermont. Je jouis peu des bontés du premier, la mort l'enleva à la fleur de son âge; mais je fus dédommagé de cette perte dans l'extrême confiance dont monsieur le comte de Clermont m'honora. Tout le monde a su son attachement pour la duchesse de B...., et sa constance eût été telle, qu'il l'eût épousée à la mort du duc, si elle avait suivi les conseils de ses véritables amis; et je me flatte d'avoir été de ce nombre. Cette réflexion est un peu anticipée; mais je n'y reviendrai peut-être pas, en vous parlant du temps auquel il en a été question; car je sens que je ne me piquerai point d'une chronologie fort exacte dans ce qui me reste à vous dire. Comme c'est de moi précisément que vous voulez que je vous parle, et qu'il ne doit être question, dans ces lettres, que de mes galanteries, qui devenaient de jour en jour moins fréquentes, je me contenterai de vous en rapporter quelques anecdotes qui puissent vous amuser : c'est l'unique but que ma complaisance pour vous se soit proposé.

La première qui s'offre à ma mémoire, regarde une jeune personne qui a fait depuis les délices du théâtre. Elle avait alors 13 à 14 ans; les personnes qui s'y intéressaient, et qui étaient persuadées que j'avais une sorte de goût pour l'art de la déclamation, me proposèrent de lui donner quelques leçons. Sa figure, dont le goût décidé du public a fait l'éloge, se passera bien du mien; mais elle me détermina à lui donner des conseils. D'abord elle vint chez moi; mais bientôt je pris goût à lui donner des leçons chez elle, et j'y allais assidûment; j'y trouvais plus de commodité et de secret pour les intermèdes, qui se passaient ordinairement en action. Ma jeune écolière profita égament dans les scènes de déclamation, et dans les scènes muettes. Elle y prit goût, et y devint très-experte. Un jour qu'elle se louait beaucoup de ma façon d'enseigner, elle me dit, avec une bonté sans exemple, qu'elle avait une petite voisine de son âge, et sa camarade, qui avait grande envie d'essayer aussi ses talents. Je voulus la voir : on me la présenta, mais je remis prudemment cette entreprise à ma première visite. Je me rendis au jour marqué, et je trouvai mes deux écolières seules. Je fis dire quelques vers à la jeune novice, mais je vis que son amie s'impatientait. Je crus qu'elle trouvait la leçon trop longue, et qu'elle voulait être seule pour l'entre-acte, mais ce n'était point cela : elle me fit entendre que je négligeais la partie essentielle de l'instruction de ma nouvelle écolière, et il fallut, bon gré, mal-gré, lui donner des leçons aussi étendues que celles qu'elle avait reçues elle-même. Ma complaisance nous jeta dans un singulier embarras ; car, dans le moment que j'entamai une leçon pour cette petite compagne, elle perdit connaissance et nous effraya. Mon ancienne écolière s'écria avec une innocence sans pareille : *Ah! mon Dieu, vous l'avez tuée ;* mais ce qui venait de la faire mourir en apparence, la fit promptement revivre, et nos leçons reprirent leur train, sans aucune nouvelle alarme. Au bout de quelques mois, les théâtres de province s'enrichirent de mes deux élèves, et elles allèrent donner elles-mêmes ailleurs des leçons, n'ayant plus besoin des miennes.

Cette aventure fit place à une autre plus importante. Je me trouvai un jour à Saint-Denis, avec trois des plus jeunes et des plus jolies femmes de la cour; l'une d'elles me prit en particulier, tandis que les deux autres examinaient attentivement toutes les richesses et prétendues antiquités du trésor, et dans l'embrâsure d'une fenêtre, elle me confia, sous la dénomination d'une personne tierce, les chagrins que lui causaient les humeurs et la jalousie d'un amant favorisé, et me demanda ensuite ce que je pensais d'un homme si bizarre, et d'une femme assez complaisante pour s'asservir à de tels caprices. Je ne balançai point à trouver l'homme pendable, et la femme trop aimable et en même temps trop simple: *Eh bien*, me dit cette dame, *voilà pourtant ce qui m'arrive ; ne suis-je pas la plus malheureuse créature du monde ?* — Non, lui répondis-je, je connais quelqu'un, sans contredit, qui est encore plus malheureux que vous. *Et qui donc ?* me répondit-elle vivement ; *que je le plains! Un homme*, lui dis-je, *qui vous adore, et auquel vous venez d'avouer tout ce que vous sentez, et tout ce que vous faites pour un rival qui le mérite si peu ; mais si vous commençez à le plaindre, il cesse d'être aussi malheureux que vous.... Hélas !* me dit-elle, *je m'en étais doutée.* Puis changeant de propos, elle me dit tout de suite : *Ne viendrez-vous pas à la campagne avec nous ?* Je le lui promis, et lui tins parole. J'allai à cette belle campagne ; mais j'y trouvai ce bizarre et ce jaloux, dont on m'avait fait des plaintes si amères. C'était un homme très-respectable pour moi, et il me fallut avaler cette pillule ; mais enfin, un jour qu'il était allé à la chasse, je me trouvai seul dans une galerie avec cette belle dame, que j'avais nommée le *Trésor de Saint-Denis*. Je la fis souvenir de notre entretien, et je lui dis qu'il y avait apparence qu'elle n'avait pas plaint bien sincèrement les malheurs que je lui avais avoués ; que je voyais bien qu'ils ne cesseraient pas sitôt. *Pourquoi?* me dit-elle ; *vous avez de l'esprit, vous m'aimez : avec cela, croyez-moi, on mène souvent une femme plus loin qu'elle ne pense*. Je lui répondis avec vivacité : *Si j'avais autant d'esprit que j'ai d'amour, je ne vous mènerais pas si loin que vous l'imaginez*...... — *Où me mèneriez-vous donc?* dit-elle : je ne lui répondis qu'en lui montrant un canapé qui était à deux pas de nous. — *En effet, le voyage n'est pas long*, me dit-elle en souriant, et je vois bien que vous voulez me le rendre agréable. — Et facile, lui dis-je, en l'y conduisant. Nous y passâmes à-peu-près le temps de la chasse, qui ne fut pas à notre gré aussi longue qu'elle aurait pu l'être. Tout ce que je puis vous dire des suites de cet heureux moment, c'est que le seigneur en question chassait assez souvent, et qu'il n'était pas toujours auprès de cette aimable dame. Lorsque j'allais lui faire ma cour ailleurs qu'à la campagne, où cependant nous allions souvent, le temps que nous y demeurions se passait presque tout en fêtes, que chacun se piquait d'imaginer. On avait construit un théâtre dans cette favorable galerie, où s'était fait le dénouement de nos confidences réciproques; nous y jouions des espèces de comédies impromptu, et même quelquefois des actes d'opéra. Ce fut pendant une de ces représentations, qu'une aventure de déguisement, méditée par la maîtresse du logis, et qu'elle m'avait communiquée, nous fournit l'occasion de tromper le jaloux surveillant, et donna ensuite occasion à une petite comédie que je fis pour notre théâtre. La dame que je nommerai, si vous le voulez bien, le *Trésor de Saint-Denis*, m'avait prévenu qu'elle quitterait le spectacle, et changerait d'habit avec une de ses femmes; que celle-ci sortirait seule enveloppée d'une coiffe, et sous les habits de sa maîtrese, irait s'égarer dans le parc. J'avais pris de mon côté tout l'attirail d'un valet-de-chambre, et je descendis dans le jardin, tenant le *Trésor de Saint-Dénis*, sous mon bras, dans le moment que le seigneur jaloux s'était mis à la poursuite de la fausse maîtresse. Bien loin de nous interrompre, il mit tout son soin à nous éviter. Nous le laissâmes galopper long-temps; il le fit si inutilement et avec tant d'opiniâtreté, que lorsqu'il revint joindre la compagnie, nous y étions déjà sous nos véritables formes, et il ne reprocha à la dame que la rigueur de son procédé. Quoique je n'eusse pas le même reproche à lui faire, je ne laissai pas de me mêler de la conversation, et de représenter à cette aimable dame les torts qu'elle n'avait pas, n'ayant nulle raison de me plaindre de ceux qu'elle pouvait avoir, et dont on ne se doutait pas. Aussi notre comédie des amants déguisés eut elle un vrai succès;

et tel y avait un rôle, et en riait de tout son cœur, qui n'imaginait point être le sujet de la pièce. Cette petite comédic fit plus de bruit qu'elle ne méritait d'en faire. Mademoiselle Lecouvreur, à laquelle je n'en avais point parlé, m'en fit des reproches, desira la voir, et voulut, malgré que j'en eusse, qu'elle fût jouée au théâtre, où elle eut, dans le temps, et a eu depuis, plus de succès que n'en méritait une bagatelle de société.

Là Lecouvreur me sut un gré infini de 1728,
la complaisance que j'avais eue pour elle, 1729.
en cette occasion. J'en eus bientôt une autre de lui prouver combien ses intérêts m'étaient chers. La duchesse de B... me fit un jour confidence des démarches que le comte de S.., amant de la pauvre Lecouvreur faisait pour réussir auprès d'elle. Je lui en parlai si raisonnablement, et apparemment si fort selon ce qu'elle pensait elle-même, qu'elle me promit de rompre tellement les mesures du comte, qu'elle ne donnerait pas même lieu aux plus légers

soupçons. Dans le même temps je fus engagé par le comte à aller passer les trois semaines de Pâques à une maison de chasse qu'il avait à huit lieues de Paris. La Lecouvreur fut du voyage avec deux de ses camarades. Nous passions la plupart des jours à la chasse du sanglier, et les soirées, à faire les honneurs, en vrais chasseurs, de la meilleure et de la plus délicate chère du monde. Je ne dis rien à la Lecouvreur de la confidence que m'avait faite la D..; mais je ne feignis point d'en parler au comte et de lui représenter que rien n'était plus injuste que ses prétentions; que ce serait perdre de gaité de cœur une femme à laquelle j'étais sûr qu'il ne resterait point attaché, et dont il ne desirait les bonnes grâces que pour augmenter de ce triomphe le catalogue de ses bonnes fortunes. Je ne lui cachai point que j'avais plaidé contre lui, et lui montrai même les lettres que j'écrivais à la duchesse. Il m'en fit un peu la guerre, et convint cependant que j'avais raison. Cette ouverture de ma part ne ralentit ni l'amitié qu'il avait pour moi, ni le desir de réussir. Il est vrai qu'il me fit mystère du dernier article, et crut me dérober sa marche. Pour cet effet, il partit un beau matin sans nous en avoir prévenus; mais je fus dans l'instant averti de son départ; et, sans autre consultation, j'éveillai les dames, et je fis en même temps atteler une berline à six chevaux, en sorte que nous arrivâmes à Paris moins de deux heures après le comte. Je me fis descendre, en arrivant, à l'hôtel de la duchesse. On allait se mettre à table; elle se prit à rire en me voyant, et me dit en particulier : *Je gage que vous croyez trouver ici un homme avec qui vous soupâtes hier. Il est vrai, lui dis-je. Eh bien*, continua-t-elle, *vous devez être content de moi; il a perdu ses pas, je n'avais pas même besoin de vos lettres, mon parti était bien pris, et c'est une affaire très-finie; je compte que je n'en entendrai plus parler.* Nous fîmes, cette même année, un voyage à Pontoise. La duchesse y voulut avoir la Lecouvreur, et elle y fut traitée en reine... Ce fut quelques mois après ce voyage que commença d'éclore cette horrible noirceur qu'on a affecté depuis de répandre sur la personne du monde qui en était le moins capable, et qui en même temps en était la plus innocente. Je ne sçus toute la trame de cette calomnie que successivement, et voici de quelle façon elle parvint à ma connaissance.

Mademoiselle Lecouvreur me dit un jour qu'on avait tenté de l'empoisonner, et me raconta toute cette histoire de la façon dont je vais vous la rendre; mais sans me nommer jamais la duchesse, ni me rien dire qui pût me la désigner. Elle m'apprit donc qu'un petit abbé bossu était venu la demander deux fois sans la trouver; qu'à la seconde visite, il avait laissé une lettre par laquelle il l'instruisait qu'il avait les choses les plus importantes à lui communiquer, et telles qu'il y allait de sa vie; que si elle voulait en être informée, elle devait venir le trouver le lendemain au Luxembourg, dans l'allée du bout qui est ordinairement solitaire ; que dès qu'il la verrait, il frapperait trois coups sur son chapeau, et qu'à ce signal elle le reconnaîtrait, et l'aborderait seule. Sur cet avis, la Lecouvreur avait assemblé ses amis, et il avait été résolu qu'elle irait au rendez-vous. Une personne de ses amies et un de ses plus intimes amis l'y accompagnaient. Le petit bossu s'y trouva, comme il l'avait promis. Il fit son signal, la Lecouvreur l'aborda, et eut avec lui un très-long entretien dans lequel elle apprit que ce petit homme se mêlait de peindre en miniature ; qu'il avait fait depuis peu le portrait d'une dame de la cour qui lui avait d'abord proposé de s'insinuer chez la Lecouvreur, comme pour la peindre, et de lui donner un philtre qui devait en éloigner le comte de S... Vous noterez, monsieur, que dans ce temps-là même, le comte était livré de goût à une fille d'opéra ; qu'il aurait été plus à propos sans doute de l'éloigner de lui.... Quoi qu'il en soit, le petit bossu apprit à la Lecouvreur qu'il avait consenti à jouer un aussi mauvais rôle, et que lorsqu'il avait été question de l'exécuter, on ne lui avait pas caché qu'il s'agissait de poison, et que s'il reculait, il ne serait pas en sûreté lui-même de sa vie; qu'on lui avait promis une pension pour le reste de ses jours, et deux mille écus pour sortir de France; que cette proposition l'avait fait frémir; qu'il avait été consulter son confesseur, lequel lui avait ordonné de révéler cet horrible secret à la personne intéressée. Il ajouta qu'il n'y avait point de temps à perdre, et que le samedi suivant (ceci se passait le mercredi), on devait placer sous un if des Tuileries un petit paquet de pastilles, dont trois qui seraient séparées des autres, étaient empoisonnées; et c'était celles-là qu'il devait lui présenter et lui faire manger adroitement, en mangeant lui-même les autres.... La Lecouvreur, que cette affreuse confidence ne laissa pas d'étonner, eut le courage de donner rendez-vous à ce petit homme, pour venir le lendemain commencer chez elle à la peindre. Elle y fit trouver le comte de S..., et sur son avis, le peintre résolut d'aller faire ce même rapport au lieutenant de police, en y ajoutant que le lendemain deux hommes masqués devaient avoir un entretien avec lui à la barrière du cours. On ordonna au jeune homme de se prêter à tout, et d'apporter le samedi les pastilles chez mademoiselle Lecouvreur, ce qui fut exécuté, et sur le champ le jeune homme et les pastilles furent conduits chez le lieutenant de police. J'ai sçu par lui-même, depuis, que le fameux Geoffroi en fit en sa présence et l'analyse et l'expérience sur un chien, et qu'il ne s'y trouva point de poison; en sorte que la nuit même ce magistrat fit arrêter ce jeune homme, et le fit conduire à la Bastille. Voilà, monsieur, tout ce que j'appris alors de cette affaire qui tomba d'elle même, et dont je n'entendis plus reparler que plus de trois mois après. La duchesse de B ... n'aurait assurément pas été aussi tranquille ni aussi gaie qu'elle l'était, après l'emprisonnement d'un tel complice qu'elle ne pouvait ignorer, et ce fut bien certainement moi qui lui en donnai les premières nouvelles. Après plus de trois mois de la date de cette histoire, voici, monsieur, comment ce bruit injurieux vint jusqu'à moi. J'allai dîner chez Francine, et je rencontrai un de ses amis à pied. Je lui proposai de le mener : comme nous passions devant l'hôtel de B.., cet homme me dit : Il se débite de belles nouvelles sur le compte de votre duchesse!.... et tout de suite il m'apprit que la veille on avait dit chez une grande princesse que la duchesse de B... avait voulu empoisonner la Lecouvreur. Je fus frappé de ce discours comme d'un coup de foudre. J'abandonnai le projet d'aller dîner chez Francine, et me fis ramener à l'hôtel de B... J'allai droit à l'appartement de la duchesse ; elle était encore au lit, elle me fit entrer ; on nous laissa seuls, je n'hésitai point à lui dire ce que je venais d'apprendre. Mon étonnement n'avait rien été auprès du sien ; je ne lui laissai pas le temps de s'abandonner à sa douleur : Madame, lui dis-je avec fermeté, si vous étiez coupable, je n'aurais nul regret à vous porter des coups plus terribles encore; mais vous ne l'êtes pas, et il est question de vous justifier, et non de vous abattre. Levez-vous donc, passons chez monsieur le Duc, c'est avec lui qu'il faut résoudre des moyens à prendre en cette occasion pour éloigner de vous un soupçon si injurieux. Elle se leva; nous allâmes ensemble chez son mari, qui fut aussi frappé que nous d'une si atroce calomnie. Je croyais que le petit peintre bossu était encore à la Bastille, et après avoir raconté toute son histoire au duc et à la duchesse, je remontai en carosse pour aller prier de leur part le lieutenant de police, de passer à leur hôtel après midi. Il y vint. Je ne pus me tenir de lui reprocher de n'avoir pas fait arrêter les deux hommes masqués, qu'il savait devoir être à la barrière du cours; de n'avoir pas fait épier et arrêter encore celui ou ceux qui avaient dû mettre les prétendues pastilles sous un certain if aux Tuileries. Enfin lui ayant demandé s'il avait fait subir un interrogatoire au peintre qu'il avait fait mettre à la Bastille, il se trouva qu'il n'avait point été interrogé, et même qu'il était élargi. Vous jugez, monsieur, si cette conduite était régulière, ou même sensée. Le magistrat en essuya nos reproches, et le duc lui dit avec toute la hauteur qui lui convenait en ce moment, qu'il entendait que, quelque part où fût cet imposteur, on s'assurât de lui; qu'on voulait qu'il fût confronté à la duchesse qui le demandait elle-même baignée d'un torrent de larmes. Le magistrat promit d'y donner au plutôt ses ordres et tous ses soins. Je remets, à la première lettre que je vous écrirai, le reste de ce détail, et de la justification de la duchesse, qu'il suffit d'avoir connue pour être convaincu de son innocence.

Je suis, etc.

FIN DU TOME PREMIER.

www.ingramcontent.com/pod-product-compliance
Ingram Content Group UK Ltd.
Pitfield, Milton Keynes, MK11 3LW, UK
UKHW020202250726
13967UKWH00003B/1224